Nathan Stone

FARSI RISPETTARE

Impara a imporre i tuoi limiti, a reagire alle persone dominanti e alla mancanza di rispetto, e non lasciarti mai più calpestare i piedi!

Edizioni BLACK & RED

Il rispetto reciproco è il fondamento della vera armonia.

Indice dei contenuti

▶ **Introduzione**..........................**13**

▶ **Parte I - Stabilire i propri limiti con sicurezza**...............................**25**

1. Definire i tuoi limiti personali.................**27**
a. L'importanza della chiarezza nella definizione dei limiti..................................27
b. Identificare i limiti emotivi, mentali e fisici...........29
c. Esercizi pratici per stabilire i tuoi limiti................33

2. Comunicare i tuoi limiti con fermezza........**35**
a. Le basi della comunicazione assertiva...................35
b. Le parole e il linguaggio del corpo da utilizzare....38
c. Gestire le possibili reazioni.................................41

3. Pratiche per rafforzare la tua capacità di impostare limiti..................................**44**
a. Meditazione e consapevolezza di sé......................44
b. Tecniche di gestione dello stress..........................48

c. Potenziamento della fiducia in se stessi..............51

▶ Parte II - Rifiutare con convinzione. 55

1. Dire no in modo positivo e rispettoso..........57
a. Rifiutare preservando comunque la relazione........57
b. Evitare fraintendimenti...................................60
c. Tecniche di comunicazione non violenta...............62

2. Gestire i sentimenti di colpa legati al rifiuto 65
a. Identificare le cause della colpa............................65
b. Affermazioni positive per superare la colpa..........68
c. Pratiche per rafforzare la risoluzione....................71

3. Resistere alle pressioni esterne.....................73
a. Tecniche per resistere alle manipolazioni..............73
b. Sapere dire no di fronte all'insistenza...................76
c. Bilanciare la lealtà verso sé stessi e verso gli altri. 79

▶ Parte III - Affermarsi e liberarsi dall'ossessione di piacere.....................83

1. Comprendere le vostre tendenze a dire sempre sì..85
a. L'origine dei comportamenti di eccessiva

disponibilità..85
b.   Prendere   consapevolezza   dei   modelli
comportamentali...88
c. L'impatto dell'eccessiva sollecitazione.................90

2. Smantellare i modelli comportamentali......93
a. Identificare i momenti in cui dici sì per abitudine..93
b. Tecniche per rompere gli schemi di sovrappiaceri.95
c. La rieducazione mentale..................................98

3. Rieducarsi a dire sì in modo equilibrato...100
a. L'importanza dell'equilibrio...............................100
b. Praticare il discernimento negli impegni.............103
c. La soddisfazione nell'affermazione di sé.............105

▶ Parte IV - Affrontare l'intimidazione e le persone dominanti............................109

1. Non più sfuggire al confronto....................111
a. Segni di una personalità che evita il confronto.....111
b. Tecniche per coltivare l'autostima......................114
c. L'importanza dell'autenticità..............................116

2. Affrontare l'intimidazione fisica e mentale 119
a. Reazioni emotive di fronte all'intimidazione........119
b. Tecniche di autodifesa fisica e mentale...............122

c. Segnalare e prevenire l'intimidazione...................125

3. Affrontare una persona dominante...........127
a. Identificare i comportamenti dominanti...............127
b. Strategie per affrontare in modo costruttivo........129
c. La comunicazione efficace nelle relazioni difficili
....131

▶ Parte V - Rispondere alla mancaza di rispetto con tatto ma fermezza...........135

1. Identificare i segnali di mancanza di rispetto
....137
a. Riconoscere i segnali d'allarme della mancanza di rispetto...137
b. L'importanza dell'autovalutazione......................140
c. Stabilire limiti chiari..142

2. Reagire in modo appropriato e rispettoso.144
a. Le strategie di comunicazione efficaci................144
b. Gestire i conflitti con tatto e diplomazia.............147
c. Costruire relazioni rispettose..............................149

3. Ripristinare l'equilibrio e il rispetto nelle interazioni...152
a. Tecniche per ripristinare la fiducia.....................152
b. Mostrare empatia e comprensione......................154

c. Riparare le relazioni fortemente danneggiate.......156

▶ Parte VI - Gestire le interazioni scorrette e le conversazioni difficili.....159

1. Affrontare quando ti interrompono..........161
a. Gli impatti di essere interrotti.............................161
b. Tecniche per riaffermare la tua voce nelle conversazioni...163
c. Favorire scambi costruttivi..................................165

2. Rispondere a qualsiasi insulto...................167
a. Gestire gli insulti in modo costruttivo.................167
b. Strategie per mantenere la calma e la dignità.......170
c. Promuovere interazioni rispettose.......................172

3. Rispondere alle provocazioni...................173
a. Identificare le provocazioni e gli insidie.............173
b. Tecniche per mantenere la calma e resistere alle provocazioni..176
c. Preservare l'armonia nelle relazioni tese.............179

▶ Parte VII - Esempi concreti e studi di casi...183

1. Studi di casi di scenari di vita reale..........185

a. Esempio 1: conflitto sul lavoro............................185
b. Esempio 2: Confronto con una persona cara........187
c. Esempio 3: Gestione di una provocazione...........190

**2. Analisi degli esempi e delle risposte adeguate
....193**
a. Scomposizione degli scenari...............................193
b. Identificazione delle risposte efficaci.................195
c. Lezioni da trarre dagli esempi.............................197

**3. Applicazione delle competenze apprese in
situazioni concrete..200**
a. Mettere in pratica le competenze di ogni parte....200
b. Creazione del tuo piano d'azione personale.........202
c. Monitoraggio e aggiustamenti delle tue interazioni
....205

▶ **Conclusione...............................209**

▶ **Ringraziamenti..............................217**

Introduzione

Benvenuti in *FARSI RISPETTARE : impara a imporre i tuoi limiti, a reagire alle persone dominanti e alla mancanza di rispetto, e non lasciarti mai più calpestare i piedi!*

Nelle pagine seguenti, scoprirai le competenze essenziali per affermarti e farti rispettare, con eleganza e diplomazia quando possibile, sia nelle tue relazioni personali che sul lavoro o in qualsiasi situazione delicata, come quando ti provocano, ti insultano o ti interrompono in modo sfacciato. Basta farsi calpestare! Non sei un zerbino, accidenti! Sì, il rispetto che ti spetta è ora alla tua portata.

Ah, il rispetto... Una parola che è sulla bocca di tutti, una parola che fa sognare, una parola in cui ognuno proietta un po' quello che vuole, senza che nessuno sappia veramente, in modo preciso, di cosa si tratti. È vero, in fondo, si potrebbe porsi la domanda: qual è la natura profonda di questa strana bestiolina chiamata rispetto, che suscita tanto interesse e desiderio, questa creatura strana di cui ognuno corre senza sosta, senza sapere esattamente come ottenerla?

Immagina un adorabile e tranquillo villaggio sul mare, dove gli abitanti si trattano con benevolenza da generazioni. I vicini si salutano calorosamente al mattino, le differenze di credo sono celebrate con curiosità e tolleranza, e ogni membro della comunità si sente ascoltato e valorizzato, indipendentemente dallo status sociale o dalle origini. In questo incantevole villaggio marittimo, la considerazione per gli altri è al centro di ogni interazione.

Anche i pescatori del villaggio trattano il mare con considerazione. Sanno che offre un'abbondanza di pesci, ma che può altrettanto rivelarsi spietato. Trattandolo con deferenza, prelevando i pesci con parsimonia, in modo sostenibile, i pescatori preservano il loro ambiente e assicurano la sussistenza del loro villaggio per le generazioni future.

Tuttavia, arriva un periodo oscuro quando turisti stranieri giungono nel villaggio e vi si stabiliscono per diversi mesi. Non comprendono l'importanza del rispetto in questa comunità: si mostrano sprezzanti e beffardi verso gli indigeni, non salutano, si lanciano insulti per strada, gettano rifiuti sulla spiaggia, calpestano le tradizioni locali e ignorano gli avvertimenti dei pescatori riguardo al mare capriccioso.

Col passare del tempo, inevitabilmente, la tensione cresce tra i nuovi arrivati e gli abitanti, ma anche, di riflesso, tra i villaggi stessi, e rapidamente le relazioni si deteriorano profondamente, minando irrimediabilmente l'equilibrio sereno del piccolo villaggio.

Questo breve racconto illustra come il rispetto sia alla base della coesione di una comunità. Quando è presente, crea un ambiente piacevole in cui ognuno si sente protetto, ascoltato e valorizzato. Ma non appena manca, i sentimenti vengono feriti, emergono conflitti e l'armonia è disturbata.

Infatti, il rispetto è un pilastro fondamentale delle relazioni umane, è un atteggiamento benevolo e considerato verso gli altri, contrassegnato dal riconoscimento della loro dignità, dei loro diritti, delle loro opinioni e dei loro limiti personali.

Il rispetto comprende anche il riconoscimento delle norme sociali, delle regole e dei valori comuni che guidano le nostre interazioni. È un principio fondamentale che incoraggia l'accettazione e la tolleranza verso le differenze individuali, favorisce così una convivenza armoniosa nella società.

Quando il rispetto scompare, le relazioni interpersonali diventano inevitabilmente tese e conflittuali. Le persone si sentono svalutate, disprezzate o ignorate, causando conseguenze emotive e psicologiche negative. La mancanza di rispetto mina inevitabilmente la fiducia reciproca e compromette la qualità delle interazioni sociali all'interno di una comunità.

Immagina ora Fanny, una giovane donna attiva e realizzata. Fanny ama il suo lavoro in un'azienda in crescita, ha diverse passioni, tra cui la danza e il canto, e gode di un circolo sociale sviluppato e soddisfacente, con una famiglia amorevole e amici di qualità. In breve, a prima vista, Fanny conduce una vita appagante e sembra essere realizzata su tutti i fronti.

Tuttavia, Fanny si trova costantemente sopraffatta dalle richieste della sua vita professionale e personale. Si sente spesso esausta, poiché cerca di bilanciare il lavoro, la famiglia e gli amici, avendo difficoltà a dire no a nuove richieste. In effetti, dice sì, senza alcuna restrizione, ad ogni sollecitazione, anche se ciò significa sacrificare il suo tempo e il suo benessere. È diventata, in qualche modo e malgrado se stessa, la donna tuttofare del suo ambiente, che, in generale, nemmeno si rende conto di abusare, poiché Fanny accetta sempre con cortesia e un sorriso di facciata.

Tuttavia, un giorno, Fanny ne ha abbastanza, decide di prendersi un momento per sé, riflettere sulla sua situazione e chiedersi perché si senta così stanca, così sopraffatta. Si rende conto che la sua incapacità di impostare limiti chiari e dire no è la principale fonte di stress ed esaurimento. E comprende al contempo che dimostrare rispetto verso se stessa è indispensabile se desidera avere una vita veramente equilibrata e appagante.

Decisa a cambiare, Fanny fa ricerche e scopre l'importanza dell'autovalutazione, della gestione dello stress e della fiducia in se stessa per rafforzare la sua capacità di dire no in modo rispettoso. Inizia quindi a mettere in pratica nella sua vita quotidiana tecniche per stabilire limiti, comunicare con sicurezza e gestire eventuali reazioni negative.

Man mano che, con perseveranza, le relazioni di Fanny evolvono, i suoi amici e la sua famiglia imparano a rispettare i suoi limiti, non è più sovraccarica, si sente meno stanca e ha più tempo per sé e per i suoi progetti. Alla fine, Fanny si sente più appagata che mai, ha compreso che il rispetto verso se stessa è il fondamento indispensabile di una vita equilibrata e di relazioni sane.

Questa storia, inventata ma lontana dall'essere slegata dalla realtà, riflette la vita quotidiana di molte persone, almeno per quanto riguarda la sua prima parte, prima che Fanny decidesse di cambiare: tutti abbiamo affrontato situazioni simili, in cui la mancanza di rispetto per i nostri limiti personali ci ha causato stress ed esaurimento. La felice conclusione delle vicissitudini di Fanny mette in luce che il rispetto verso se stessi e gli altri è essenziale nella nostra vita quotidiana.

Così, in un contesto personale, il rispetto significa trattare gli altri con cortesia, educazione ed empatia, tenendo conto dei loro limiti, bisogni e preferenze. È una manifestazione di considerazione per l'integrità e la dignità di ogni individuo, indipendentemente da età, sesso, origine etnica, religione, orientamento sessuale o opinioni.

Il mancanza di rispetto, al contrario, è l'opposto di questi comportamenti rispettosi. Si manifesta attraverso atteggiamenti, parole o azioni che ignorano o violano la dignità, i diritti o i limiti degli altri. Il mancanza di rispetto può assumere molte forme, dalla maleducazione e l'impolitezza a comportamenti più gravi come l'intimidazione, il molesto, la discriminazione o la violenza. Ritorneremo su questo argomento più avanti in questo libro.

Essere rispettati significa quindi essere trattati con considerazione, dignità e riconoscimento, il che implica stabilire limiti chiari per sé stessi e per gli altri, e assicurarsi che questi limiti siano rispettati nelle interazioni e nelle relazioni, al fine di essere considerati come individui con propri bisogni, diritti e opinioni valide.

Tuttavia, attenzione, è opportuno aggiungere una sottigliezza a questa definizione: farsi rispettare non è sinonimo di dominio o aggressività. Si tratta piuttosto di un sano equilibrio tra prendersi cura di sé stessi e considerare gli altri con benevolenza. Ed è questo giusto equilibrio che contribuisce a instaurare relazioni positive e felici, in cui ognuno si sente valorizzato e preso in considerazione.

Di fatto, se non sai farti rispettare, rischi di vivere molteplici svantaggi, a cominciare dal mantenere relazioni tossiche e diventare oggetto di manipolazioni da parte delle persone che ti circondano.

Ma non saper farsi rispettare comporta anche molti altri svantaggi significativi e dannosi: un aumento dello stress e dell'ansia, una diminuzione dell'autostima, conflitti non risolti, problemi di salute mentale (legati in particolare ai sentimenti di frustrazione, rancore o rabbia repressa), la perdita di controllo sulla propria vita e la sensazione di essere sfruttati. Imparare a farsi rispettare è quindi fondamentale per condurre un'esistenza appagante, equilibrata e armoniosa!

Per comprendere meglio, in modo concreto, i pericoli e gli effetti del mancanza di rispetto nella vita di tutti i giorni, esaminiamo alcune situazioni specifiche in cui potresti non essere rispettato. Ad esempio, se partecipi regolarmente a riunioni di lavoro, potrebbe capitare che le tue idee e contributi vengano costantemente ignorati o minimizzati da colleghi o superiori. In questo caso, nonostante idee pertinenti e ben fondate, sei continuamente interrotto e le tue proposte sono respinte senza alcuna considerazione.

Sempre sul luogo di lavoro, è altrettanto possibile che tu subisca comportamenti ostili o battute fuori luogo, senza poter esprimere la tua opinione o ottenere il supporto necessario per fermare tali comportamenti. Ti senti isolato e incapace di lavorare in un ambiente in cui non sei rispettato.

Un altro esempio, questa volta nella sfera personale: se, in una relazione amichevole o romantica, ti ritrovi spesso a mettere i bisogni degli altri prima dei tuoi, senza reciprocità, ti sentirai sfruttato o trascurato, poiché ti pieghi sempre alle richieste degli altri senza che le tue limitazioni o desideri vengano presi in considerazione (un po' come Fanny nella storia di prima).

Puoi anche trovarsi semplicemente in situazioni banali in cui le tue parole, il tuo parere o le tue preferenze non vengono prese in considerazione quando interagisci nelle situazioni sociali quotidiane, ad esempio quando utilizzi i mezzi pubblici, fai la spesa o cammini per strada.

In questo modo, ognuno si trova prima o poi, a volte più volte al giorno, di fronte a sfide per far valere i propri diritti, esprimere le proprie limitazioni e necessità, e essere trattato con la dignità e il rispetto che merita. Come vedrai durante la tua lettura, farsi rispettare implica nella maggior parte dei casi comunicare chiaramente, stabilire dei limiti e, in casi estremi, cercare supporto o risorse per affrontare queste situazioni difficili.

In ogni caso, ne vale la pena! Perché sapersi farsi rispettare non è solo una questione di orgoglio momentaneo. Questo comporta una serie di conseguenze positive e benefiche nella nostra vita, molto più profonde e durature di quanto possiamo immaginare, e instaura un circolo virtuoso in tutti gli aspetti della nostra esistenza.

Infatti, se sai come farti rispettare in qualsiasi circostanza che si presenti, sarai in grado di proteggerti da sconfinamenti, abusi, situazioni tossiche e inciviltà di ogni tipo, e riuscirai a preservare la tua integrità personale, nonché il tuo benessere fisico, emotivo e mentale.

Inoltre, stabilendo limiti chiari e facendoli rispettare in modo compassionevole, favorirai una comunicazione cordiale e costruttiva, incoraggiando così relazioni più sane ed equilibrate. Addio incomprensioni e viva gli scambi aperti e onesti! Sapersi farsi rispettare è quindi vitale per tutte le tue relazioni, che siano amichevoli, familiari, professionali o romantiche.

Infine, ciliegina sulla torta, sentendoti rispettato, avrai maggiore fiducia in te stesso e nelle tue capacità, costruendo una solida autostima. Sarai quindi in grado di prendere decisioni che ti appartengono e di scegliere percorsi in linea con i tuoi valori e le tue esigenze, garantendoti sicuramente il riconoscimento che meriti per le tue contribuzioni, in qualsiasi ambiente, professionale, personale o sociale.

In questo libro, esplorerai le molteplici sfaccettature del mancanza di rispetto e scoprirai tecniche e strategie efficaci per favorire un clima di rispetto reciproco in tutte le sfere della tua vita.

Acquisirai la capacità di identificare i segnali del mancanza di rispetto, imparerai a rispondere con eleganza all'intimidazione, alle provocazioni e agli insulti, e sarai in grado di trasformare i conflitti in opportunità di crescita personale.

Un nuovo mondo si apre davanti a te, dove definire i

tuoi limiti non sarà più un enigma, dire no sarà così naturale come respirare, reagire in modo appropriato e intelligente di fronte all'avversità e alle persone dominanti diventerà un'abitudine, un mondo in cui il rispetto e la sicurezza saranno le fondamenta delle tue interazioni.

Grazie alle pagine che seguono, svilupperai competenze indispensabili che ti consentiranno di farti rispettare in qualsiasi contesto e di navigare in un mondo permeato da cortesia e considerazione verso gli altri. Un tale mondo esiste, e stai per accedervi.

Trasforma senza indugi la tua vita in un'esperienza straordinaria in cui il rispetto sarà il tuo alleato indissolubile e il tuo bene più prezioso!

Parte I

Stabilire i propri limiti con sicurezza

1. Definire i tuoi limiti personali

a. L'importanza della chiarezza nella definizione dei limiti

I limiti sono come linee invisibili che definiscono le tue preferenze, i tuoi bisogni e i tuoi valori; essi delimitano lo spazio in cui ti senti a tuo agio, rispettato ed in armonia con te stesso. Per utilizzare una metafora, i tuoi limiti sono una sorta di diga che impedisce alle acque turbolente, ovvero i comportamenti inappropriati, di travolgerti.

Costruire questa diga, ovvero definire i tuoi limiti personali, è un atto fondamentale di protezione e auto-rispetto che influisce notevolmente sulla qualità delle tue relazioni e sul tuo benessere emotivo.

La chiarezza nella definizione dei tuoi limiti riveste quindi un'importanza cruciale. Caratterizzarli in modo preciso e attento è fondamentale quando stai creando i tuoi limiti e desideri preservarli in modo sano, e ciò per diverse ragioni.

In primo luogo, quando i tuoi limiti non sono chiaramente definiti, gli altri hanno difficoltà a capire cosa accetti o rifiuti, il che porta a fraintendimenti, frustrazioni e conflitti. Comunicando i tuoi limiti in modo esplicito, elimini la confusione e assicuri una comprensione reciproca.

Inoltre, limiti chiari rafforzano la tua stima di te e la tua fiducia in te stesso: quando sai cosa sei disposto a accettare o rifiutare, dimostri a te stesso che ti rispetti, rafforzando il tuo senso di valore personale.

Inoltre, la precisione nella definizione dei tuoi limiti favorisce una comunicazione aperta e onesta. Essendo trasparente sui tuoi limiti, incoraggi gli altri a fare altrettanto, promuovendo conversazioni significative e una migliore comprensione reciproca.

Pertanto, chiarire i tuoi limiti aiuta a stabilire relazioni sane: in questo tipo di relazioni, quelle che tutti desideriamo privilegiare, i limiti sono sempre rispettati. Quando sono confusi o sconosciuti, agli altri è difficile rispettare il tuo spazio e i tuoi bisogni. Ecco perché la chiarezza nella definizione dei tuoi limiti contribuisce a stabilire relazioni più sane, basate sul rispetto reciproco.

I limiti chiari aiutano a instaurare un equilibrio sano nelle relazioni. Non ti sacrifici a vantaggio degli altri e non li costringi neanche a conformarsi ai tuoi desideri. Creano uno spazio in cui ognuno può prosperare individualmente contribuendo al benessere dell'altro.

Limiti chiari sono essenziali per prenderti cura della tua salute mentale ed emotiva. Ti aiutano a evitare lo stress eccessivo, il sovraccarico e il risentimento, consentendoti di preservare il tuo equilibrio emotivo e la tua pace interiore.

In sintesi, si può dire che i tuoi limiti agiscono come uno scudo protettivo per il tuo benessere emotivo e generale. Quando definisci rigorosamente ciò che tolleri e ciò che non accetti, riduci il rischio di sentirti invaso, sovraccarico o maltrattato dagli altri.

Come puoi vedere, la chiarezza nella definizione dei tuoi limiti è un elemento chiave per coltivare relazioni sane, rafforzare la tua stima di te e proteggere il tuo benessere emotivo. È il primo passo verso una comunicazione positiva e il rispetto di te stesso e degli altri.

Nelle parti successive, esploreremo come definire i tuoi limiti in modo preciso e come comunicarli in modo efficace.

b. Identificare i limiti emotivi, mentali e fisici

Come appena spiegato, la definizione dei tuoi limiti personali è una fase essenziale nel processo di sviluppo del rispetto di sé e di quello che ispiri negli altri.

Per riuscire a circoscrivere i tuoi limiti, è cruciale riconoscere e comprendere le loro diverse dimensioni, ovvero i limiti emotivi, mentali e fisici. Identificarli ti aiuterà a capire meglio le tue esigenze e a comunicarle in modo efficace.

Per cominciare, i limiti emotivi definiscono i tuoi livelli di tolleranza per le emozioni e le interazioni emotive. Identificare i tuoi limiti emotivi ti aiuterà a capire come reagisci alle emozioni, che siano le tue o quelle degli altri. Ecco alcuni elementi da considerare quando identifichi i tuoi limiti emotivi:

• Le emozioni che puoi tollerare: alcune persone sono in grado di gestire emozioni forti, mentre altre hanno bisogno di più spazio per farlo. Identifica le emozioni che puoi tollerare comodamente.

• Situazioni scatenanti: alcune situazioni o interazioni scatenano emozioni forti. Identifica le circostanze che mettono alla prova i tuoi limiti emotivi.

• Segnali di stress emotivo: riconosci i segnali che indicano che i tuoi limiti emotivi stanno per essere superati. Possono essere sensazioni fisiche, reazioni comportamentali o pensieri negativi.

Affrontiamo ora i limiti mentali: questi riguardano la capacità della tua mente di gestire le informazioni, la concentrazione e le interazioni cognitive. Identificare i tuoi limiti mentali ti consente di definire la tua capacità di elaborare informazioni e mantenere un buon equilibrio mentale. Esaminiamo alcuni aspetti da considerare:

• Sovraccarico cognitivo: alcune persone hanno una maggiore tolleranza al sovraccarico cognitivo, mentre altre si sentono sopraffatte più rapidamente. Identifica i tuoi limiti in termini di multitasking, decisioni e concentrazione.

• Comunicazione: identifica il tuo livello di tolleranza per le discussioni intellettuali, i dibattiti o le argomentazioni. Alcune persone possono gestire discussioni prolungate, mentre altre hanno bisogno di più tempo per riflettere.

• Gestione dello stress mentale: riconosci i segni di stress mentale, come la stanchezza mentale, l'irritabilità o la perdita di concentrazione. Questi segnali indicano che i tuoi limiti mentali stanno per essere raggiunti.

Infine, i limiti fisici riguardano il tuo corpo e il tuo benessere fisico. È fondamentale identificarli per mantenere un'ottimale salute fisica ed emotiva. Di seguito gli elementi da considerare:

• Riposo e recupero: identifica di quanto sonno, riposo e tempo libero hai bisogno per sentirti rivitalizzato e in buona salute.

• Attività fisica: determina il tuo livello di tolleranza all'attività fisica. Alcune persone hanno bisogno di più esercizio fisico di altre per mantenere il loro benessere fisico.

• Alimentazione e igiene: delimita i tuoi limiti in termini di alimentazione, igiene e cura personale. Sono aspetti importanti della tua salute fisica.

Identificando chiaramente i tuoi limiti emotivi, mentali e fisici, sarai in grado di prenderti meglio cura di te stesso e di comunicarli in modo efficace agli altri. Questa comprensione è quindi un pilastro essenziale dell'affermazione di sé e dell'instaurazione di limiti sani.

Nella prossima sotto-sezione, esploreremo come comunicare questi limiti in modo costruttivo e rispettoso.

c. Esercizi pratici per stabilire i tuoi limiti

Definire e stabilire i tuoi limiti personali è una competenza che può essere sviluppata con esercizi pratici.

Questi esercizi ti permetteranno di esplorare le tue preferenze, i tuoi bisogni e di comunicarli in modo più chiaro ed efficace. Ecco tre esercizi pratici per aiutarti a stabilire i tuoi limiti:

• Esercizio 1: mappatura dei tuoi limiti
- Prenditi un momento per riflettere sui settori della tua vita in cui desideri definire dei limiti, come il lavoro, le relazioni personali, il tempo libero, ecc.
- Crea un elenco di questi settori e prendi appunti sulle situazioni specifiche in cui hai sentito la necessità di stabilire dei limiti.
- Per ogni situazione, identifica i limiti emotivi, mentali e fisici rilevanti. Ad esempio, nel contesto del lavoro, potresti identificare un limite mentale legato al carico di lavoro.

Utilizza una tabella o una mappa concettuale per creare una rappresentazione visuale dei tuoi limiti in ciascun settore. Questo ti aiuterà notevolmente a vedere come i tuoi limiti personali sono collegati ad ogni aspetto della tua vita.

Rivedi la tua mappa e assicurati che rifletta fedelmente i tuoi bisogni e le tue preferenze, non esitare a aggiornarla man mano che cresci.

• Esercizio 2: elenco dei tuoi limiti personali
- Crea un elenco dei tuoi limiti personali in base ai settori che hai identificato nell'esercizio precedente. - Per ogni settore, elenca i limiti emotivi, mentali e fisici pertinenti. Sii il più preciso possibile. Ad esempio, nel contesto delle relazioni personali, potresti stabilire un limite emotivo come "Non tollero critiche costanti e non costruttive dal mio partner".
- Esamina ogni limite che hai stabilito e rifletti sul motivo per cui è importante per te. Comprendi come questo limite contribuisce al tuo benessere e al tuo sviluppo.

• Esercizio 3: comunicazione dei tuoi limiti
- Scegli una persona di fiducia con cui puoi esercitarti a comunicare i tuoi limiti. Questa persona può essere un amico, un membro della tua famiglia o un consulente.
- Seleziona un limite particolare che desideri praticare. Ad esempio, puoi scegliere un limite emotivo legato alla comunicazione con un collega.
- Prepara uno scenario di comunicazione in cui esprimi il tuo limite in modo rispettoso e assertivo. Sii chiaro e specifico nella tua comunicazione.
- Esercitati nella conversazione con il tuo partner di

pratica, concentrati su un tono di voce calmo e su una comunicazione non accusatoria.

- Ricevi e fornisci feedback costruttivi su come è andata la comunicazione. Utilizza questi feedback per migliorare la tua capacità di comunicare i tuoi limiti in modo efficace.

Questi esercizi pratici ti aiuteranno a definire, esplorare e comunicare i tuoi limiti personali in modo più preciso e sicuro.

Sviluppando queste competenze, rafforzerai la tua capacità di porre limiti con sicurezza e favorirai così relazioni più rispettose e un migliore equilibrio nella tua vita.

2. Comunicare i tuoi limiti con fermezza

a. Le basi della comunicazione assertiva

La comunicazione assertiva costituisce un elemento essenziale per definire e comunicare in modo efficace i tuoi limiti personali.

Ma cosa si intende per assertività? In termini semplici, significa esprimere i tuoi pensieri, i tuoi bisogni e i tuoi limiti in modo rispettoso verso te stesso e gli altri.

L'assertività rappresenta l'equilibrio perfetto tra l'aggressività e la passività, e si basa su diverse basi fondamentali che esploreremo di seguito.

Innanzitutto, la comunicazione assertiva si caratterizza per l'espressione chiara e diretta dei tuoi bisogni e dei tuoi limiti. Si tratta di utilizzare parole semplici e precise per esprimere ciò che provi o ciò che ti aspetti dagli altri. Evita quindi ambiguità, supposizioni o insinuazioni.

Inoltre, l'assertività implica un profondo rispetto di sé e degli altri: riconosci che i tuoi bisogni sono importanti e meritano di essere presi in considerazione, rispettando al contempo anche i bisogni e i diritti degli altri, cercando un giusto equilibrio tra questi due tipi di bisogni.

La comunicazione assertiva include anche l'ascolto attivo, ovvero essere attenti alle risposte e alle reazioni degli altri, manifestando empatia e comprensione. Questo tipo di comunicazione favorisce ovviamente uno scambio costruttivo e aperto.

Di fatto, nell'assertività è importante esprimere le tue emozioni in modo appropriato. Riconosci e condividi i tuoi sentimenti evitando di esprimerli in modo eccessivo o inappropriato. Ad esempio, puoi dire "Mi sento frustrato" invece di gridare o accusare.

Quando sei assertivo, sei disposto ad accettare le risposte degli altri, anche se non corrispondono alle tue aspettative. Riconosci che ognuno ha il diritto di rispondere in conformità con le proprie limitazioni e necessità.

Nella stessa ottica, l'assertività si concentra sulla ricerca di soluzioni mutualmente soddisfacenti. Piuttosto che limitarti a esporre i tuoi limiti, puoi esplorare compromessi o alternative che rispettino sia i tuoi bisogni che quelli degli altri.

Ultimo punto importante da considerare è il controllo dell'espressione non verbale: il tuo linguaggio del corpo svolge un ruolo cruciale nella comunicazione assertiva. Mantieni il contatto visivo, una postura aperta e rilassata, e utilizza gesti calmi per rafforzare il tuo messaggio. Un'espressione non verbale coerente rafforza notevolmente la tua credibilità.

Come puoi vedere, la comunicazione assertiva è uno strumento potente per stabilire e mantenere limiti sani. Ti consente di esprimere i tuoi bisogni in modo rispettoso, favorendo relazioni più aperte e armoniose.

Inoltre, praticando l'assertività, coltivi la compassione

verso te stesso (torneremo dettagliatamente sulla compassione verso se stessi in seguito), trattandoti con gentilezza, comprendendo che è una competenza che migliora con la pratica e non essendo troppo severo con te stesso se commetti errori.

Nelle sezioni successive di questo capitolo, esploreremo tecniche specifiche per applicare queste basi in modo pratico quando comunicate i vostri limiti.

b. Le parole e il linguaggio del corpo da utilizzare

Quando comunicate le vostre limiti con fermezza, la scelta delle parole e del linguaggio del corpo è fondamentale per garantire che il vostro messaggio sia chiaro, rispettoso ed efficace.

Esamineremo quindi in questa sezione una serie di tecniche efficaci riguardanti le parole da utilizzare e il linguaggio del corpo da adottare quando esprimete i vostri limiti.

Iniziamo con le parole da utilizzare:

• Siate chiari e precisi: utilizzate parole semplici e precise per definire i vostri limiti e evitate termini ambigui o vaghi. Ad esempio, anziché dire "Preferirei che tu non faccia così", dite "Preferisco che tu non mi interrompa."

• Utilizzate "Io" invece di "Tu": focalizzate il vostro discorso sui vostri bisogni e preferenze utilizzando dichiarazioni che iniziano con "io". Ciò evita di dare l'impressione che stiate attaccando o biasimando l'altra persona. Ad esempio, dite "Mi sento più a mio agio quando..." invece di "Mi fai sentire a disagio quando..."

• Esprimete le vostre emozioni: condividete le vostre emozioni in modo appropriato utilizzando termini come "Mi sento...", "Provo..." o "Questo mi fa sentire...". Ciò consente all'altra persona di capire come il vostro limite sia legato alle vostre emozioni.

• Siate specifici: siate il più precisi possibile quando descrivete la situazione, il comportamento o l'azione in questione, spiegando perché rappresenta un problema per voi.

• Utilizzate frasi positive: anziché dire ciò che non volete, esprimete ciò che preferireste. Ad esempio, dite "Mi piacerebbe poter discutere di questo argomento in modo costruttivo" invece di "Non voglio discussioni negative."

• Siate rispettosi: mantenete un tono rispettoso e evitate di utilizzare termini offensivi, accusatori o provocatori. Rispettate il diritto dell'altra persona di non essere d'accordo con voi.

Passiamo ora al linguaggio del corpo da adottare:

• Mantenete il contatto visivo: il contatto visivo è un segno di impegno nella conversazione. Guardate la persona con cui state parlando per mostrare che siete seri e per mantenere la sua attenzione.

• Adottate una postura aperta: una postura corporea aperta, con le braccia rilassate lungo il corpo, invia il messaggio che siete aperti alla discussione. Evitate di incrociare le braccia, poiché ciò è generalmente percepito come una posizione difensiva.

• Utilizzate gesti calmi: i gesti lenti e misurati supportano positivamente il vostro messaggio, mentre i gesti eccessivi e veloci saranno interpretati in modo negativo.

• Rimanete rilassati: la tensione corporea è spesso percepita come aggressività. Quindi cercate di mantenere il vostro corpo rilassato per mostrare che siete sotto controllo della situazione.

• Siate pazienti: date all'altra persona il tempo di rispondere, non mostrate impazienza o irritazione, anche se la risposta non è immediata.

• Ascoltate attivamente: l'ascolto attivo è una componente importante della comunicazione assertiva. Mostratevi attenti alle risposte dell'altra persona, ad esempio con un cenno del capo.

Combinando parole chiare e un linguaggio del corpo rispettoso, aumenterete la vostra capacità di comunicare i vostri limiti con fermezza mantenendo al contempo relazioni positive.

La comunicazione assertiva è davvero un prezioso strumento che vi permetterà di stabilire limiti sani favorendo interazioni costruttive con gli altri. Mettetela presto in pratica!

c. Gestire le possibili reazioni

Quando decidi di comunicare i tuoi limiti con fermezza, devi essere pronto a gestire varie reazioni possibili da parte dell'altra persona.

Queste reazioni possono variare in base all'individuo di fronte a te, alla situazione in quel momento e al modo in cui ti approcci per comunicare i tuoi limiti.

Esaminiamo punto per punto i diversi tipi di reazioni che potresti affrontare, così come gestirle in modo efficace:

• Rispetto e accettazione: nel migliore dei casi, l'altra persona reagirà positivamente, con rispetto e comprensione verso i tuoi limiti, creando un ambiente di comunicazione sana in cui ognuno può esprimere i propri bisogni. Il tuo interlocutore probabilmente apprezzerà il tuo modo sincero e onesto di comunicare, e potrebbe persino condividere le sue limitazioni con te. Mostra a tua volta rispetto per la sua reazione e fagli capire chiaramente che apprezzi molto il suo modo di reagire.

• Negoziazione: quando esponi i tuoi limiti, è possibile che alcune persone propongano compromessi o soluzioni alternative. In tal caso, mostrati aperto alla negoziazione se ciò può portare a un accordo mutuamente soddisfacente. Sii pronto a discutere e a trovare soluzioni che tengano conto dei bisogni di entrambi.

• Resistenza: è possibile che l'altra persona si opponga ai tuoi limiti, contestandoli o ignorandoli. Sii ferme, ma rimani rispettoso, ripeti con calma i tuoi limiti e spiega perché sono importanti per te.

• Aggressività: in alcuni casi, l'altra persona potrebbe reagire in modo aggressivo, biasimandoti, criticandoti o adottando un tono offensivo. Mantieni la calma, evita di farti coinvolgere in conflitti, afferma che preferisci una comunicazione rispettosa e ribadisci i tuoi limiti.

• Manipolazione: alcune persone potrebbero cercare di manipolarti affinché tu rinunci ai tuoi limiti. Sii consapevole dei tentativi di manipolazione e mantieni la tua posizione con fiducia. Se necessario, allontanati temporaneamente dalla situazione.

• Silenzio: può succedere che l'altra persona scelga di non rispondere o resti in silenzio. In tal caso, concedigli il tempo di riflettere e assimilare i tuoi limiti, e sii pronto a riprendere la conversazione in seguito.

• Comprensione differita: talvolta, l'altra persona potrebbe non capire appieno i tuoi limiti immediatamente. Dovrai quindi spiegare ulteriormente e, se necessario, fornire esempi per chiarire appieno le tue esigenze.

• Accettazione differita: anche se l'altra persona capisce i tuoi limiti, potrebbe aver bisogno di tempo per accettarli. Sii paziente e concedigli lo spazio necessario per assimilare la tua posizione.

Gestire le reazioni possibili non è semplice, richiede preparazione, pazienza e una buona dose di fiducia in te stesso. Ma ricorda che hai il diritto di stabilire limiti e che il tuo benessere è una priorità.

Rimanendo calmo, rispettoso e assertivo, favorirai sempre interazioni costruttive e rafforzerai le tue competenze comunicative.

3. Pratiche per rafforzare la tua capacità di impostare limiti

a. Meditazione e consapevolezza di sé

In questa sezione, esploreremo diverse attività che avranno un impatto significativo nel migliorare la tua capacità di impostare limiti con sicurezza.

Cominciamo parlando della meditazione, sottolineando che questa sezione fornisce solo suggerimenti e non pretende di essere esaustiva su questa pratica estremamente ricca.

La meditazione è una pratica antica che favorisce la consapevolezza di sé, la gestione dello stress e il miglioramento della comunicazione. Vediamo come questa pratica ti aiuterà a coltivare competenze essenziali per impostare i tuoi limiti.

Innanzitutto, la meditazione sviluppa la

consapevolezza di sé, la capacità di riconoscere e comprendere le tue emozioni, pensieri e reazioni.

Questa abilità ti consente di osservarti interiormente in modo neutro e benevolo. Ecco alcuni tipi di meditazione da utilizzare per rafforzare la consapevolezza di sé:

• Meditazione della consapevolezza: consiste nel prestare attenzione consapevole alle tue sensazioni, emozioni e pensieri, senza giudizio. Questo tipo di meditazione ti aiuterà a identificare le reazioni emotive e i pensieri legati a situazioni in cui ti è difficile impostare limiti.

• Meditazione delle emozioni: in questa meditazione, esplori le tue emozioni in modo approfondito. Identifichi le emozioni che sorgono quando ti trovi in situazioni in cui è necessario impostare limiti. Ciò ti consentirà di comprendere meglio le tue risposte emotive e di gestirle in modo più efficace.

• Meditazione della compassione verso se stessi: la compassione verso se stessi è una componente chiave della capacità di impostare limiti con sicurezza. La meditazione della compassione verso se stessi ti aiuterà a coltivare la gentilezza verso te stesso, consentendoti di trattarti con benevolenza e comprensione quando imposti i tuoi limiti.

Oltre a sviluppare la consapevolezza di te stesso attraverso i vari tipi di meditazione sopra menzionati, la meditazione può aiutarti a gestire lo stress promuovendo il rilassamento e consentendoti di rimanere calmo in situazioni tese. Esaminiamo quindi due tipi di meditazione favorevoli alla gestione dello stress:

• Meditazione della respirazione: consiste nel prestare attenzione consapevole al tuo respiro. Ti permetterà di calmare il tuo sistema nervoso e ridurre lo stress. Praticando regolarmente, acquisirai la capacità di rimanere calmo e concentrato, anche quando affronti situazioni stressanti.

• Meditazione della rilassamento muscolare: questa meditazione ti guiderà attraverso un rilassamento progressivo dei tuoi muscoli, aiutandoti a liberare la tensione fisica legata allo stress. Grazie a una regolare rilassamento muscolare, rimarrai rilassato anche in situazioni stressanti.

Sviluppando la consapevolezza di te stesso e imparando a gestire lo stress, sarai meglio preparato per comunicare in modo efficace. La meditazione può migliorare anche le tue competenze comunicative, in particolare per quanto riguarda la comunicazione assertiva. Ecco diversi modi di meditare per migliorare la comunicazione:

• Meditazione della comunicazione empatica: praticandola, sviluppi competenze di comunicazione empatica e rispettosa. Favorisce l'ascolto attivo e la comprensione dei bisogni degli altri, elementi essenziali per interazioni rispettose.

• Meditazione dell'ascolto attivo: l'ascolto attivo è un elemento chiave della comunicazione assertiva. La meditazione dell'ascolto attivo serve a sviluppare la tua capacità di ascoltare attentamente gli altri, di fare domande di chiarimento e di mostrare empatia.

In conclusione, la meditazione è uno strumento estremamente utile e potente che ti aiuterà a raggiungere un equilibrio emotivo e relazionale più sano.

Non trascurare questa pratica facile da integrare nella tua routine quotidiana, poiché ti aiuterà a rafforzare la tua consapevolezza di te stesso, migliorare la gestione dello stress e sviluppare competenze comunicative indispensabili per impostare limiti con sicurezza.

Esistono molte risorse sulla meditazione, accessibili attraverso vari supporti (podcast, libri, coaching, ecc.), se desideri approfondire ulteriormente gli argomenti sopra menzionati.

b. Tecniche di gestione dello stress

Le situazioni in cui è necessario definire i propri limiti sono spesso fonte di ansia, quindi la gestione dello stress si rivela una competenza essenziale per rafforzare la tua capacità di impostare limiti con sicurezza.

Utilizzando le giuste tecniche, sarai in grado di mantenere uno stato di calma e chiarezza. Prova ad adottarne alcune tra quelle seguenti, quelle che preferisci e che ti ispirano, e mettile in pratica regolarmente (cioè più volte alla settimana):

• Respirazione profonda: prendere respiri profondi e lenti per calmare il tuo sistema nervoso è una delle tecniche più semplici ed efficaci per ridurre lo stress. Inspira lentamente dal naso, trattieni il respiro per qualche secondo, poi espira dolcemente dalla bocca. Ripeti questo processo quando ti senti stressato.

• Rilassamento muscolare progressivo: il rilassamento muscolare progressivo consiste nel rilassare deliberatamente ogni gruppo muscolare del tuo corpo, dalla testa ai piedi, aiutandoti a liberare la tensione fisica associata allo stress.

• Meditazione della consapevolezza: la meditazione della consapevolezza ti aiuta a rimanere ancorato al momento presente, riducendo l'ansia e sviluppando una maggiore chiarezza mentale. Praticare la consapevolezza regolarmente è uno strumento molto potente per gestire lo stress in modo proattivo.

• Yoga: lo yoga combina la respirazione consapevole con posture e movimenti delicati per ridurre lo stress, favorire il rilassamento e rafforzare il corpo. È una pratica completa a livello fisico e mentale che può migliorare il tuo benessere generale.

• Esercizio fisico: l'attività fisica regolare, come camminare, correre, nuotare o pedalare, rilascia endorfine, gli ormoni del benessere, che contribuiscono a ridurre lo stress e a renderti più resiliente.

• Tenere un diario personale: potresti non averci mai pensato o potresti trovarlo infantile o antiquato, ma scrivere in un diario è un ottimo modo per liberare lo stress emotivo. Prova a esprimere i tuoi pensieri, emozioni e preoccupazioni su carta e scoprirai che ti aiuterà a chiarire le tue idee e a trovare soluzioni. E perché non farne un'abitudine?

• Tecniche di rilassamento: tecniche di rilassamento come la visualizzazione guidata, la musica rilassante o i massaggi sono molto utili per ridurre lo stress. Prova diverse metodologie di rilassamento per scoprire quella che funziona meglio per te.

• Tempo per te stesso: concediti del tempo per rilassarti e rigenerarti, crea momenti di tranquillità per allontanarti dallo stress e dalle responsabilità, come ad esempio una passeggiata nella natura, la lettura di un buon libro o semplicemente sederti in silenzio.

• Gestione del tempo: una gestione efficace del tuo tempo contribuisce a ridurre lo stress legato a impegni eccessivi. Impara a stabilire priorità, a dire di no quando è necessario (vedrai come nella prossima sezione!) e a pianificare periodi di riposo.

• Supporto sociale: parlare con amici, familiari o un consulente è un modo buono, semplice ma efficace, per gestire lo stress. Condividere le tue preoccupazioni ed emozioni con gli altri ti offrirà spesso un prezioso supporto.

In sintesi, se integri nella tua routine quotidiana alcune delle tecniche di gestione dello stress descritte brevemente sopra, sarai molto più preparato ad affrontare le situazioni che richiedono di impostare dei limiti. Sarai più in grado di rimanere calmo, concentrato e assertivo, aumentando così la tua capacità di comunicare in modo efficace e, di conseguenza, mantenere relazioni sane.

c. Potenziamento della fiducia in se stessi

Come accennato brevemente in precedenza, la fiducia in se stessi è un elemento fondamentale per impostare i propri limiti con sicurezza.

Quando credi nei tuoi diritti, nei tuoi bisogni e nelle tue preferenze, sei meglio in grado di difendere i tuoi limiti in modo deciso e rispettoso. Vediamo quindi come potenziare la tua fiducia in te stesso per migliorare la tua capacità di impostare dei limiti.

Innanzitutto, inizia col conoscerti: identifica i tuoi valori, i tuoi bisogni, le tue preferenze e i tuoi limiti. Più comprendi chi sei, più è facile impostare limiti che rispecchiano la tua autenticità.

Cerca poi di praticare regolarmente l'affermazione di sé nelle situazioni della vita quotidiana per rafforzare la tua fiducia in te stesso. Cos'è l'affermazione di sé? È semplicemente la capacità di esprimere i tuoi pensieri, i tuoi bisogni e i tuoi limiti in modo rispettoso.

Impara anche ad accettarti con tutte le tue imperfezioni, poiché la fiducia in se stessi deriva dall'accettazione di chi sei. Non devi essere perfetto per meritare rispetto per i tuoi limiti.

Inoltre, stabilisci obiettivi realizzabili che ti

consentano di impostare limiti in diverse situazioni. Quando raggiungi questi obiettivi, aumenti la tua fiducia nelle tue capacità.

Lo sviluppo di competenze di comunicazione, come l'ascolto attivo e la comunicazione assertiva, rafforzerà anche la tua fiducia in te stesso per affrontare situazioni in cui devi stabilire dei limiti.

In preparazione, ti sarà molto utile prepararti per le conversazioni difficili in modo da avere più fiducia in te stesso: prevedi scenari possibili quando esponi i tuoi limiti (vedi nella sezione precedente: c. Gérer les réactions possibles), rifletti sui tuoi argomenti e su come esprimerli in modo chiaro e rispettoso.

Come già detto, a volte la paura del rifiuto è un ostacolo alla definizione dei limiti. Per essere più sicuro di te durante questo esercizio, devi imparare a gestire questa paura comprendendo che è naturale che alcune persone reagiscano negativamente, senza che ciò diminuisca il tuo valore personale intrinseco.

Inoltre, se hai dubbi, non esitare a cercare supporto: parla con amici, familiari o un consulente per ottenere conforto e incoraggiamento. Il supporto sociale rafforzerà la tua fiducia in te stesso.

Impara anche la resilienza, cioè la capacità di

affrontare le avversità e le sfide. Sviluppando la tua resilienza, aumenterai la tua fiducia in te stesso per affrontare situazioni in cui devi stabilire limiti con fermezza.

Infine, quando riesci a impostare con successo i tuoi limiti, festeggia i tuoi successi. Il rinforzo positivo ti incoraggerà a continuare a ottenere altri successi, consolidando ulteriormente la tua fiducia in te stesso, e così via. Questo è ciò che si chiama un circolo virtuoso!

Il potenziamento della fiducia in se stessi è un processo continuo, autoalimentato, che ti permetterà di sentirti sempre più a tuo agio e sicuro di te quando imposti i tuoi limiti.

Con una fiducia in se stessi molto solida, sarai pronto a difendere i tuoi diritti e i tuoi bisogni in modo efficace in tutte le situazioni che si presentano!

Parte II

Rifiutare
con convinzione

1. Dire no in modo positivo e rispettoso

a. Rifiutare preservando comunque la relazione

Sapere dire no è rispettare il proprio tempo e conferire valore alla propria vita e alle proprie priorità, e quindi a se stessi, il che è del tutto normale e assolutamente non egoistico. Il problema è che non è sempre facile!

Rifiutare qualcosa in modo positivo e rispettoso è un'arte che, contrariamente a quanto si potrebbe pensare, rinforzerà le vostre relazioni invece di indebolirle, a condizione, ovviamente, che sappiate gestire la situazione in modo adeguato.

Per farlo, quando dovete rifiutare qualcosa, siate chiari e diretti nella vostra comunicazione. Evitate di utilizzare giri di parole o giustificazioni eccessive, poiché ciò mostrerà che siete onesti e trasparenti.

Sempre nell'ottica dell'onestà e della trasparenza, esprimete le vostre emozioni e sentimenti riguardo alla situazione. Spiegate come vi sentite evitando di accusare o incolpare l'altra persona. Infatti, esprimere le vostre emozioni renderà il vostro rifiuto più comprensibile.

Nella stessa ottica, affinché l'altra persona comprenda

meglio le vostre motivazioni, condividete i bisogni o le priorità che vi portano a rifiutare, spiegando perché la richiesta in questione va contro questi bisogni.

Se possibile, offrite soluzioni alternative o proponete alternative che potrebbero soddisfare i bisogni dell'altra persona o i vostri. Ciò dimostrerà che state cercando compromessi e che siete aperti alla cooperazione.

Anche se la vostra risposta è inizialmente un rifiuto, siate aperti a una discussione costruttiva. Le conversazioni successive possono aiutare a trovare soluzioni.

In ogni caso, ascoltate attentamente le risposte dell'altra persona. Siate aperti alle sue emozioni e ai suoi bisogni, mostrate empatia verso i suoi sentimenti, anche se non potete rispondere positivamente alla sua richiesta.

Allo stesso tempo, mantenete il rispetto per il vostro interlocutore: evitate commenti negativi, critiche o accuse. Un rifiuto rispettoso contribuisce a preservare la dignità di entrambi.

Tuttavia, rimanete fermi... ma flessibili! Ciò significa che dovete essere fermi nel vostro rifiuto mostrando flessibilità dove possibile. Questo rafforzerà la percezione del vostro rispetto verso l'altra persona.

Per rifiutare in modo rispettoso preservando comunque la relazione, potete anche utilizzare la comunicazione non violenta: i suoi principi, come l'osservazione neutra, l'espressione dei sentimenti, l'identificazione dei bisogni e la formulazione di richieste chiare, sono molto utili! Ma torneremo un po' più avanti alla comunicazione non violenta, in una sotto-parte dedicata interamente ad essa.

In conclusione, non dimenticate che avete il diritto di dire no quando è necessario, per proteggere i vostri bisogni, i vostri valori e il vostro benessere. Il rispetto dei vostri limiti è essenziale per mantenere relazioni sane.

La chiave per rifiutare pur preservando le vostre relazioni risiede nella comunicazione rispettosa, nell'empatia verso i bisogni dell'altra persona e nella ricerca di soluzioni mutuamente soddisfacenti quando è possibile.

Applicando questi principi, saprete dire no in modo convincente, mantenendo comunque rapporti positivi con gli altri.

b. Evitare fraintendimenti

Quando si desidera rifiutare qualcosa in modo categorico, è essenziale evitare qualsiasi fraintendimento al fine di mantenere relazioni positive.

Le situazioni ambigue portano nella maggior parte dei casi a conflitti e frustrazioni inutili, il che ovviamente si vuole evitare, ma è possibile farlo quando si dice no in modo positivo e rispettoso.

Innanzitutto, è fondamentale non giudicare e soprattutto non criticare l'altra persona a causa della sua richiesta. Mantenete il vostro rifiuto centrato sui vostri bisogni e limiti, senza attaccare l'altra persona.

Successivamente, essere chiari e precisi è fondamentale per evitare fraintendimenti: esprimete il vostro rifiuto in modo conciso e inequivocabile, utilizzando un linguaggio diretto e specifico in modo che l'altra persona comprenda chiaramente la vostra posizione.

Evitate anche i messaggi misti, che si verificano quando il vostro linguaggio verbale contraddice il vostro linguaggio del corpo o le vostre azioni. Assicuratevi che le vostre comunicazioni, verbali e non verbali, siano coerenti e siate consapevoli del vostro linguaggio del corpo per evitare di inviare messaggi contrastanti.

Evitate inoltre generalizzazioni eccessive, specificando la situazione o la richiesta che state rifiutando, senza fare extrapolazioni per tutte le circostanze. Dichiarazioni eccessivamente generali come "Rifiuto sempre tutto" devono essere evitate.

L'illustrazione del vostro rifiuto con esempi concreti può essere necessaria per chiarire la vostra posizione. Ad esempio, potete parlare di situazioni specifiche o casi precedenti in cui il vostro rifiuto è stato giustificato.

Dopo aver espresso il vostro rifiuto, ripetete brevemente la vostra posizione per rafforzarla e riformulate anche i punti chiave per dimostrare di aver compreso la richiesta dell'altra persona.

Ascoltate attivamente e fate attenzione alla risposta dell'altra persona, il che vi permetterà di comprendere le sue emozioni e i suoi bisogni. Ponete domande di chiarimento se necessario per assicurarvi di aver compreso bene la sua prospettiva.

Infatti, dimostrando empatia verso i bisogni e i sentimenti dell'altra persona, mostrerete di prendere in considerazione il suo punto di vista, anche se dovete respingere la sua richiesta.

Anche dopo aver rifiutato, rimanete aperti a una discussione costruttiva, poiché una comunicazione continua può risolvere fraintendimenti e consentire di trovare soluzioni mutuamente soddisfacenti.

Infine, se l'altra persona accetta il vostro no, rispettate la sua decisione senza insistere ulteriormente. Non insistere pesantemente sul suo scelta mostra rispetto anche per i suoi limiti.

Avete capito, evitare fraintendimenti durante un rifiuto richiede una comunicazione aperta, onesta e rispettosa. Utilizzando le tecniche di comunicazione efficaci descritte sopra, ascoltando attivamente e rimanendo aperti alla discussione, ridurrete al minimo i rischi di dissidio e preserverete relazioni positive, anche quando dovete dire no.

c. Tecniche di comunicazione non violenta

Vi ricorderete sicuramente che abbiamo accennato brevemente in precedenza alla comunicazione non violenta. Bene, ora spiegheremo più dettagliatamente di cosa si tratta e, soprattutto, come può esservi utile, con alcuni esempi specifici.

La comunicazione non violenta, sviluppata da

Marshall Rosenberg e generalmente indicata con l'acronimo CNV, è un approccio potente per esprimere i vostri bisogni, i vostri limiti e i vostri rifiuti in modo positivo e rispettoso.

Si basa su una comprensione profonda di come la comunicazione possa favorire relazioni sane. Ecco diverse tecniche di CNV per dire no in modo convincente:

• Osservazione neutra: il primo passo della CNV consiste nell'osservare la situazione in modo neutro, senza giudizio o interpretazione, descrivendo oggettivamente la situazione senza biasimare o criticare. Ad esempio, invece di dire, "Sei sempre in ritardo," potete dire, "Ho notato che sei arrivato in ritardo alle ultime tre riunioni."

• Espressione dei sentimenti: la CNV incoraggia a esprimere i vostri sentimenti in modo chiaro e onesto. Dite come vi sentite riguardo alla situazione. Ad esempio, "Quando arrivi in ritardo alle riunioni, mi sento frustrato e stressato."

• Identificazione dei bisogni: identificate i vostri bisogni e spiegate perché la situazione disturba questi bisogni. Nell'esempio precedente, potreste dire, "Ho bisogno di rispettare gli orari e gestire in modo efficiente il nostro tempo durante le riunioni."

• Richiesta chiara: formulate una richiesta chiara e realizzabile per soddisfare i vostri bisogni, come "Ti chiedo di fare uno sforzo per essere puntuale alle riunioni in futuro."

• Ascolto empatico: la CNV implica anche un ascolto empatico dei sentimenti dell'altra persona. Quando risponde, siate attenti alle sue emozioni e ai suoi bisogni, favorendo una comprensione reciproca.

• Evitare la difensiva: evitate di formulare la vostra richiesta in modo da mettere l'altra persona sulla difensiva. Ad esempio, invece di dire, "Devi arrivare in orario, altrimenti non rispetti le regole," potete dire, "Apprezzerei se potessi arrivare in orario, perché ci aiuta a rispettare l'agenda."

• Ricerca di soluzioni soddisfacenti per entrambe le parti: la CNV incoraggia a cercare soluzioni che rispondano ai bisogni di tutte le parti coinvolte. Siate aperti alla negoziazione e alla cooperazione per raggiungere un accordo che rispetti i bisogni di ciascuno.

• Pratica dell'empatia verso voi stessi: la CNV include anche l'empatia verso se stessi, ovvero la capacità di trattarvi con gentilezza e comprensione. Non siate severi con voi stessi se dovete dire di no. Riconoscere i vostri bisogni ed emozioni è essenziale per una comunicazione sana.

Come potete vedere, la CNV è uno strumento molto potente per dire no in modo positivo e rispettoso. Favorisce una comunicazione aperta, empatica e costruttiva, che rafforzerà notevolmente le vostre relazioni e vi permetterà di stabilire limiti mantenendo rispetto e armonia.

In definitiva, praticando queste tecniche, sarete in grado di dire no in modo convincente, preservando al contempo legami positivi con le persone del vostro ambiente.

2. Gestire i sentimenti di colpa legati al rifiuto

a. Identificare le cause della colpa

Stai per dire di no o hai già detto di no a una richiesta, e provi una sensazione spiacevole, indescrivibile, una sorta di disagio, in breve, ti senti a disagio.

Questa sensazione imbarazzante è la colpa, ed è frequente che la accompagni al rifiuto, soprattutto quando temi di ferire o deludere l'altra persona.

Per gestire efficacemente la colpa, è necessario prima cercare di comprendere le sue cause sottostanti, molte delle quali sono comuni al rifiuto. Familiarizzando con i meccanismi coinvolti, sarai in grado di superare questo sentimento.

Tra queste cause, molte persone si sentono in colpa quando dicono di no a una richiesta perché temono di deludere l'altra persona. Vogliono essere gentili e soddisfare le aspettative degli altri, anche se ciò va contro i propri bisogni.

Potresti temere che il rifiuto porti all'ira o all'indifferenza dell'altra persona, ed è questa paura di essere respinto o di perdere una relazione che suscita i sentimenti di colpa.

Forse vuoi evitare le conflittualità a tutti i costi, e questa paura di conflitti o tensioni derivanti dal tuo no comporta inevitabilmente sentimenti di colpa.

In aggiunta a quanto detto, la società e la cultura possono rafforzare il senso di obbligo verso gli altri. È comune sentirsi in colpa per non rispondere positivamente a una richiesta a causa di pressioni sociali o convenzioni.

Allo stesso modo, a volte, la pressione esterna da parte di amici, familiari o colleghi può spingerti ad accettare sollecitazioni anche se ciò non corrisponde ai tuoi desideri.

In tutti i casi, attribuire troppa importanza all'opinione degli altri, sia quella del tuo interlocutore che del mondo che ti circonda, genererà colpa quando devi dire di no.

Tra le altre cause, alcune persone hanno pregiudizi sul prendersi cura di se stesse e temono di essere percepite come egoiste o insensibili se rifiutano una richiesta.

Ma prendi coscienza che se hai aspettative irrealistiche sulla tua capacità di soddisfare i bisogni di tutti, è probabile che ti sentirai a disagio quando ti rendi conto che ciò non è possibile.

Infatti, quando hai aspettative elevate per te stesso in termini di gentilezza e aiuto agli altri, è più probabile che tu ti senta in colpa quando rifiuti.

Per concludere, se hai una storia di abbandono, cioè un'abitudine frequente di rinunciare ai tuoi bisogni cedendo alle richieste degli altri, sentirai quasi automaticamente colpa quando inizi a impostare dei limiti, poiché questo modo di agire è diventato per te un'abitudine (ma tranquillo, non è affatto immutabile).

Identificare le cause della colpa è il primo passo per

gestirla in modo efficace. Questa presa di coscienza approfondita ti aiuterà a rafforzare in modo profondo e duraturo la tua capacità di dire di no in modo rispettoso.

Infatti, capire perché ti senti in colpa quando rifiuti una richiesta ti consente di lavorare su questi specifici aspetti e sviluppare strategie per gestire questo sentimento in modo più sano, strategie che approfondiremo nelle sotto-sezioni successive.

b. Affermazioni positive per superare la colpa

Come appena spiegato, superare il sentimento di colpa legato al rifiuto è essenziale per mantenere confini sani e relazioni equilibrate.

Le affermazioni positive sono uno strumento estremamente potente per aiutarti a gestire e superare questo sentimento. Scopriamo quindi come usarle saggiamente.

La colpa è spesso alimentata da credenze limitanti come "Devo sempre aiutare gli altri" o "Dire no è essere egoisti". Per iniziare, cerca di identificare queste credenze limitanti e sii consapevole del loro influsso sui tuoi sentimenti di colpa.

Successivamente, crea affermazioni positive che contrastino queste credenze limitanti. Ad esempio, "Ho il diritto e faccio bene a difendere i miei bisogni" o "Dire no è prendersi cura di me stesso".

Le tue affermazioni positive devono essere specifiche per i tuoi bisogni e le tue sfide personali. Crea dichiarazioni che risuonino con te e che siano adatte alla tua situazione.

La chiave per far sì che le tue affermazioni positive agiscano è ripeterle regolarmente: la ripetizione è essenziale per avere un impatto. Ripetile il più spesso possibile, idealmente tutti i giorni, per rafforzare la loro influenza sulla tua mentalità.

Le tue affermazioni devono anche riaffermare il tuo diritto di impostare dei limiti, di rispettare i tuoi bisogni e di dire no quando è necessario. Ad esempio, "Ho il diritto di dire no senza sentirsi in colpa".

Se sorgono pensieri negativi di colpa, cosa che inevitabilmente accadrà, specialmente all'inizio, sostituiscili con le tue affermazioni positive. Ad esempio, se ti sorprendi a pensare, "Sono egoista a rifiutare", sostituiscilo con "Dire no è un atto di rispetto verso me stesso".

Utilizza anche la visualizzazione insieme alle tue

affermazioni e visualizza il risultato positivo: immaginati mentre imposti con successo dei limiti e mantieni relazioni sane. Ciò rinforzerà la tua fiducia in te stesso.

E per renderle ancora più efficaci, puoi condividere le tue affermazioni positive con amici, familiari o qualsiasi altro consulente di fiducia. Questo sostegno sociale intensificherà il tuo impegno verso queste affermazioni.

Infine, sii gentile con te stesso mentre lavori sulla gestione della colpa, perché, come abbiamo menzionato in precedenza nelle cause della colpa, questa è spesso legata ad aspettative irrealistiche o alla ricerca della perfezione.

Le affermazioni positive sono uno strumento molto potente per cambiare la tua mentalità e superare la colpa legata al rifiuto, ma non dimenticare che cambiare credenze profondamente radicate richiede tempo. Quindi, sii paziente con te stesso e accetta semplicemente che la gestione della colpa è un processo graduale.

Il gioco ne vale la candela, perché, rafforzando le tue credenze in te stesso e nei tuoi diritti, svilupperai un atteggiamento più sano verso la definizione dei limiti e migliorerai notevolmente la tua capacità di dire no in modo rispettoso.

c. Pratiche per rafforzare la risoluzione

La gestione dei sentimenti di colpa legati al rifiuto richiede una risolutezza incrollabile e una determinazione costante per mantenere confini sani.

Esaminiamo punto per punto in questa sotto-sezione diverse pratiche molto efficienti, alcune già menzionate in precedenza, che rafforzeranno la tua risoluzione e ti permetteranno di gestire la colpa in modo più efficace:

• Auto-riflessione: prenditi il tempo di riflettere sui tuoi bisogni, valori e priorità. Più comprendi ciò che è importante per te, più sarà facile mantenere limiti rigidi.

• Pratica dell'affermazione di sé: l'affermazione di sé è la capacità di esprimere pensieri, bisogni e limiti in modo rispettoso. Praticalà in varie situazioni per rafforzare la tua risoluzione.

• Definizione dei tuoi limiti: sii chiaro sui tuoi limiti personali e comunicali in modo deciso e rispettoso. Più li definisci, meno sarai incline a sentirti in colpa quando li farai rispettare.

• Accettazione della colpa: ammetti che la colpa possa sorgere, anche quando agisci in modo rispettoso e in linea con i tuoi bisogni. Sarai così in grado di gestire meglio questo sentimento.

• Mettere in prospettiva: ricorda che dire no è un atto di preservazione del tuo benessere e dei tuoi valori. Metti in prospettiva il rifiuto come un modo per proteggerti, preservare la tua energia e mantenere relazioni equilibrate.

• Visualizzazione: immaginati mentre imposti limiti con sicurezza e mantieni relazioni sane. Questa pratica aumenterà la tua determinazione.

• Ricorso a un sostegno sociale: parla dei tuoi sfidi con amici, familiari o un consulente di fiducia. Ciò ti incoraggerà e rinforzerà la tua risoluzione.

• Pratica della comunicazione non violenta: la CNV ti aiuterà a impostare limiti in modo positivo e rispettoso, consolidando la tua determinazione a dire no quando è necessario.

• Implementazione di rituali: stabilisci rituali o abitudini che rafforzano la tua risoluzione. Ad esempio, medita regolarmente per aumentare la tua fiducia nei tuoi limiti.

• Accettazione dell'imperfezione: accetta che non sei perfetto e che farai errori. L'imperfezione fa parte del processo di rafforzamento della risoluzione.

• Celebrare i successi: sii fiero di te stesso e celebra ogni volta che riesci a mantenere un limite o a dire no in modo rispettoso. La celebrazione dei successi aumenta la tua fiducia nelle tue capacità.

Rafforzare la tua determinazione per gestire la colpa legata al rifiuto è un processo continuo, ma nel tempo, utilizzando regolarmente queste pratiche, sarai in grado di preservare il tuo benessere mantenendo limiti sani e gestendo costruttivamente il sentimento di colpa.

3. Resistere alle pressioni esterne

a. Tecniche per resistere alle manipolazioni

A volte, persone manipolative, meno rare di quanto si possa pensare, cercheranno di farti cambiare idea, di farti sentire in colpa o di convincerti ad accettare le loro richieste quando opponi un rifiuto.

Sapere come resistere alle pressioni esterne e ai

tentativi di manipolazione è quindi un aspetto fondamentale della capacità di dire no in modo convincente.

Il primo passo per resistere alla manipolazione è riconoscere le tattiche utilizzate dai manipolatori, che dispongono di un arsenale temibile, comprensivo di lusinghe eccessive, minacce, colpevolizzazione, vittimizzazione, deviazione, ecc.

Essere manipolati è naturalmente estremamente frustrante e fastidioso, ma è essenziale rimanere calmi, poiché la reattività emotiva può essere utilizzata contro di te. Quindi, prenditi il tempo per respirare profondamente e riflettere prima di rispondere.

Questa risposta può essere formulata sotto forma di domande, chiedendo chiarimenti sulla richiesta o sulla situazione: i manipolatori saranno colti alla sprovvista quando devono fornire dettagli o spiegazioni precise.

Proveranno nella maggior parte dei casi a aggirare i tuoi limiti, quindi mantienili con sicurezza. Stabilisci limiti personali chiari e solidi e comunicali in modo deciso.

La comunicazione non violenta (ancora e sempre lei) potrebbe aiutarti, se del caso, a smorzare le situazioni tese. Applica i principi della CNV per esprimere i tuoi bisogni e i tuoi limiti in modo positivo e rispettoso.

Nei contesti di manipolazione, ricorda costantemente che hai il diritto di dire no senza sentirsi in colpa e quindi non esitare a affermare il tuo diritto di proteggere il tuo benessere.

Quindi, non hai bisogno di giustificare eccessivamente i tuoi rifiuti. Evita le giustificazioni eccessive, una risposta semplice ma decisa sarà spesso sufficiente.

Se, tuttavia, i manipolatori esercitano pressioni sulla tua risolutezza, pratica le tecniche che abbiamo visto in precedenza per rafforzare la tua determinazione.

Quando un manipolatore usa tattiche di deviazione, riporta la conversazione sul tema principale e sui tuoi limiti.

In generale, i manipolatori cercheranno di sfruttare le tue vulnerabilità, quindi stai attento: essendo consapevole delle tue debolezze e dei tuoi punti deboli, riuscirai più facilmente a proteggerli.

Allo stesso modo, identifica le tue priorità e i tuoi valori. Quando sei sicuro di ciò che è più importante per te, sarà più difficile per le persone manipolatrici distoglierti dalla tua strada.

Infine, se ti trovi di fronte a un manipolatore persistente o a situazioni di manipolazione croniche, ricorda che hai sempre la possibilità di rivolgerti a un professionista o a un terapeuta, che potrà aiutarti a sviluppare strategie specifiche ed adattate per affrontarle.

Resistere alle manipolazioni non è mai facile e richiede sempre molta vigilanza, fermezza e fiducia in se stessi.

Tuttavia, nella maggior parte dei casi, utilizzando le giuste tecniche, riuscirai a proteggere i tuoi limiti, a dire no in modo convincente e a mantenere il tuo benessere, anche di fronte a tentativi di manipolazione abusivi.

b. Sapere dire no di fronte all'insistenza

Alcune persone possono mostrarsi particolarmente insistenti quando opponi loro un rifiuto. Questo accade abbastanza frequentemente, come avrai forse già notato, e in queste situazioni, sotto la pressione dell'interlocutore e della situazione, è spesso facile cedere... per poi pentirsene in seguito!

Quando ti trovi di fronte a situazioni in cui gli altri insistono pesantemente per ottenere ciò che vogliono nonostante il tuo iniziale rifiuto, è essenziale non arrendersi e mantenere i tuoi limiti. Ma è altrettanto importante sapere come dire no in modo convincente.

Fortunatamente, esistono diverse strategie per affrontare l'insistenza, e le elenchiamo qui in dettaglio. Alcune di esse sono già state spiegate in una parte precedente, ma con un obiettivo leggermente diverso. Infatti, le stesse tecniche potrebbero esserti utili in contesti diversi. In ogni caso, un piccolo promemoria non fa mai male! Quindi:

• Resta fermo ma rispettoso: ripeti il tuo rifiuto in modo deciso ma rispettoso, dicendo ad esempio qualcosa del tipo: "Capisco che questo sia importante per te, ma la mia risposta rimane no."

• Evita le scuse: non sentirti obbligato a dare scuse o giustificazioni per il tuo rifiuto. La tua risposta deve essere sufficiente di per sé.

• Ascolta attivamente: ascolta le ragioni per cui l'altra persona insiste. A volte, capire le loro esigenze può aiutare a trovare un compromesso o a spiegare perché non puoi accettare la loro richiesta.

• Offri alternative: se possibile, proporne di alternative che potrebbero soddisfare le esigenze dell'altra persona pur rispettando i tuoi limiti. Ciò dimostrerà la tua apertura alla collaborazione.

• Riduci le interazioni: se qualcuno continua ad insistere, considera la possibilità di ridurre le interazioni con quella persona, o addirittura di interrompere definitivamente il rapporto. A volte, la distanza può essere la migliore soluzione, se non l'unica, per preservare i tuoi limiti.

• Usa la comunicazione non violenta: applica i principi della CNV per esprimere i tuoi bisogni, capire i bisogni dell'altra persona e cercare soluzioni reciprocamente soddisfacenti (ti rimandiamo alla parte dedicata ad essa).

• Sii consapevole della manipolazione: in alcune situazioni, l'insistenza assomiglia molto a una forma di manipolazione. Sta attento alle tattiche manipolatorie e resisti (per riconoscere ed contrastare efficacemente i manipolatori, vedi la parte precedente).

• Sii pronto a terminare la conversazione: se l'insistenza persiste e diventa tossica, non esitare a interrompere la conversazione e, se necessario, la relazione, per proteggere i tuoi limiti.

• Consulta un mediatore o un terzo neutrale: talvolta, un mediatore neutrale può aiutare a risolvere conflitti persistenti, facilitando la comunicazione e la ricerca di soluzioni.

• Ricorda il tuo diritto di dire no: lo ripetiamo continuamente, hai il diritto di dire no quando è necessario per proteggere il tuo benessere. Ricordarti di questo diritto rafforzerà la tua fiducia nella tua capacità di mantenere i tuoi limiti.

Usa queste strategie per resistere all'insistenza e per dire no in modo convincente, preservando il tuo benessere e le tue relazioni.

Ricorda che è essenziale rimanere coerente nel tuo rifiuto di fronte all'insistenza, specialmente perché la perseveranza nel mantenere i tuoi limiti è anche un segno di rispetto verso te stesso.

c. Bilanciare la lealtà verso sé stessi e verso gli altri

Quando impari a dire no in modo convincente, sarà necessario trovare un equilibrio tra la lealtà verso te stesso e quella verso gli altri.

È un compito delicato, poiché è naturale voler soddisfare i bisogni e le aspettative degli altri senza che ciò vada a discapito del proprio benessere. Vediamo come bilanciare questa doppia lealtà.

La prima cosa da fare è capire cosa è veramente

importante per te, ovvero identificare i tuoi valori fondamentali e le tue priorità nella vita. Pertanto, prenditi il tempo di riflettere prima di impegnarti a fare qualcosa e assicurati che corrisponda ai tuoi valori e alle tue priorità prima di dire sì.

In nessun caso dovresti sacrificarti al punto di trascurare completamente i tuoi bisogni. L'equilibrio significa che a volte puoi dire sì agli altri, ma non a spese del tuo benessere.

Tieni presente che non sei responsabile della felicità di tutti e che è fondamentale impostare limiti realistici. Non sovraimpegnarti nel soddisfare i bisogni di tutti.

Per farlo, cerca di riconoscere le situazioni in cui devi mettere il tuo benessere al primo posto e quelle in cui puoi prestare più attenzione ai bisogni degli altri.

In ogni caso, afferma costantemente il tuo diritto di dire no, capisci che è un diritto inalienabile che possiedi per proteggere i tuoi bisogni e valori.

La lealtà verso gli altri non significa che devi dire sì a tutte le loro richieste. Puoi praticare l'empatia comprendendo i bisogni e le prospettive degli altri, il che non impedisce di dover occasionalmente rifiutare le loro richieste.

Naturalmente, esprimi sempre i tuoi bisogni, i tuoi limiti e i tuoi rifiuti in modo rispettoso. La comunicazione aperta e onesta rimane un elemento essenziale per bilanciare la lealtà verso te stesso e verso gli altri.

Ma l'equilibrio non significa essere inflessibili, e a volte sarà necessario adattare la tua posizione in base alle circostanze e ai bisogni mutevoli.

Se fai fatica a bilanciare la lealtà verso te stesso e verso gli altri, perché non chiedere consigli e supporto a degli amici, alla famiglia o a un consulente esterno? Potrebbero aiutarti a prendere decisioni equilibrate.

Trovare un equilibrio tra la lealtà verso sé stessi e verso gli altri è un processo continuo. Significa prendere decisioni informate e impegnarsi in una comunicazione aperta per mantenere relazioni sane preservando il proprio benessere.

Tuttavia, il rispetto di sé e degli altri possono coesistere armoniosamente quando impari a dire no in modo convincente.

Parte III

Affermarsi e liberarsi dall'ossessione di piacere

1. Comprendere le vostre tendenze a dire sempre sì

a. L'origine dei comportamenti di eccessiva disponibilità

Il comportamento di eccessiva disponibilità si riferisce a uno schema comportamentale in cui una persona tende a dire "sì" a molte richieste, esigenze o aspettative degli altri, spesso a discapito dei propri bisogni, desideri e limiti. Ciò si manifesta attraverso un sovraccarico di compiti, responsabilità o attività, al punto di esaurirsi o trascurare le proprie priorità.

Le persone con comportamenti di eccessiva disponibilità tendono generalmente a voler piacere agli altri, a evitare i conflitti e a temere di essere percepite come egoiste o rifiutanti alla cooperazione. Sentono una pressione sociale per essere costantemente disponibili, generose e accomodanti, anche se ciò comporta conseguenze negative sulla loro salute fisica ed emotiva.

Questo comportamento è motivato da vari fattori, tra cui il desiderio di mantenere relazioni armoniose, la paura del rifiuto, la ricerca di approvazione o l'autostima basata sull'approvazione degli altri. Tuttavia, ciò porta a un importante squilibrio, a un eccessivo stress e persino a problemi di salute mentale e fisica.

Per interrompere questo schema comportamentale dannoso e, di conseguenza, affermarsi e liberarsi dall'ossessione di piacere, il primo passo cruciale è comprendere perché si tende a dire sempre sì. Queste tendenze possono avere origini diverse, spesso radicate nella propria storia personale, nelle esperienze di vita e nelle convinzioni più profonde. Ecco alcune origini comuni dei comportamenti di eccessiva disponibilità:

• Bisogno di approvazione: alcune persone sono cresciute cercando costantemente l'approvazione degli altri, come i propri genitori, per sentirsi degne e amate. Dicendo sempre sì, sperano di ottenere questa approvazione e l'amore che ne deriva.

• Paura del rifiuto: la paura del rifiuto è un potente fattore che spinge le persone a dire sì anche quando non è appropriato. Temono che dire no comporti il rifiuto o l'abbandono.

• Mancanza di fiducia in se stessi: la mancanza di fiducia in se stessi può portare a dire sì in modo eccessivo. Le persone che non credono nelle proprie competenze o nel proprio valore sono più inclini a sovraccaricarsi di compiti per dimostrare il proprio valore.

• Pressioni sociali e culturali: le aspettative sociali e culturali giocano un ruolo significativo. In alcune culture, dire no può essere mal visto, spingendo quindi a dire sì per default.

• Educazione: l'educazione ricevuta e i messaggi dai genitori o dalle figure di autorità hanno un impatto significativo. Se è stato insegnato che dire sì è un segno di rispetto, si sarà più inclini a farlo.

• Bisogno di evitare i conflitti: alcune persone sono semplicemente spaventate all'idea di creare tensioni. Di conseguenza, dicono sì per evitare conflitti e mantenere relazioni armoniose.

• Sentimento di obbligo: gli obblighi familiari, professionali o sociali possono spingere a dire sì anche quando non si desidera realmente.

• Dipendenza dalla gratitudine: ricevere gratitudine e riconoscimento degli altri è gratificante e può generare una forma di dipendenza. Alcuni individui dicono sempre sì per continuare a ricevere segni di riconoscimento.

• Mancanza di limiti chiari: se non si è mai imparato a stabilire limiti personali chiari, si finisce per dire sì a tutto, perché non si sa come dire no (fortunatamente, non c'è nulla di irreparabile e leggendo questo libro stai già intraprendendo il percorso giusto per cambiarlo definitivamente).

• Paura di deludere: la paura di deludere gli altri è un fattore che spinge a dire sì anche quando ciò comporta un sacrificio.

Comprendere l'origine dei comportamenti di eccessiva disponibilità è un primo passo importante verso il cambiamento.

Identificando i fattori che influenzano le vostre tendenze a dire sempre sì, potete iniziare a lavorare su strategie per sviluppare un'affermazione di sé sana ed equilibrata, preservando al contempo il vostro benessere e le vostre relazioni.

b. Prendere consapevolezza dei modelli comportamentali

Una volta identificata l'origine delle vostre tendenze a dire sempre sì, è necessario prendere consapevolezza dei modelli comportamentali che ne derivano. Questa consapevolezza vi aiuterà a comprendere meglio come questi schemi si manifestano nella vostra vita.

Iniziate osservando voi stessi: siate attenti alle vostre reazioni in diverse situazioni, prendete nota quando dite sì, anche quando preferireste dire no.

Per aiutarvi in questo processo, potete tenere un diario, uno strumento potente per identificare i modelli comportamentali. Annotate quando avete detto sì per obbligo, per paura o per desiderio di piacere.

Esplorate e analizzate le vostre motivazioni, cioè le ragioni dietro alle vostre decisioni: perché avete detto sì? È stato per paura del rifiuto, per bisogno di gratificazione, per pressione sociale? Comprendere le vostre motivazioni è fondamentale.

Cercate anche di individuare i trigger identificando le situazioni, le persone o le circostanze che suscitano le vostre tendenze a dire sempre sì. Forse avete difficoltà a dire no a certe persone o in contesti specifici.

Riflettete quindi sulle conseguenze di dire sempre sì e valutatele. Come influisce sul vostro benessere, sul vostro tempo, sulla vostra energia e sulle vostre relazioni?

Imparate anche a riconoscere i segnali d'allarme quando state per dire sì quando preferireste dire no, come una sensazione di disagio, risentimento o stress.

Infine, chiedete feedback, cercate il parere di amici e familiari sui vostri comportamenti. A volte, gli altri possono vedere modelli comportamentali che voi nemmeno notate e che vi sono invisibili per mancanza di distacco sufficiente su voi stessi.

La presa di consapevolezza dei modelli comportamentali è un processo difficile. Quindi, siate compassionevoli con voi stessi e ammettete che questi schemi sono probabilmente emersi per ragioni valide.

La consapevolezza dei modelli comportamentali è il primo passo verso il cambiamento. Vi consentirà di capire perché avete agito in questo modo in passato e vi fornirà gli strumenti necessari per sviluppare nuove strategie di affermazione di sé.

Una volta identificati questi schemi, potete lavorare in modo sereno ed efficace per modificarli, per rispondere meglio ai vostri bisogni preservando al contempo le vostre relazioni.

c. L'impatto dell'eccessiva sollecitazione

Le tendenze a dire sempre sì hanno un impatto significativo e dannoso sulla vostra vita, sul vostro benessere e sulle relazioni. Comprendere le conseguenze di questi comportamenti vi motiverà fortemente a cambiarli.

Dire sì a tutto, che sia sul lavoro, in famiglia o con gli amici, può rapidamente portare a un esaurimento cronico. Potreste finire per dedicare tutte le vostre energie ai bisogni degli altri a discapito dei vostri.

Accettare troppi impegni vi sommergerà e porterà a una incapacità di gestire tutti gli aspetti della vostra vita in modo efficace.

Ad esempio, il surplaisir vi farà perdere tempo prezioso in attività che non vi arricchiscono, al posto di quelle per cui provate una vera passione e un autentico interesse.

In generale, concentrandovi sui bisogni degli altri, trascurerete i vostri bisogni e il vostro benessere, con conseguenze perniciose sulla vostra salute fisica e mentale.

Sul lavoro, il surplaisir vi porterà ad accettare un carico di lavoro eccessivo, danneggiando gravemente le vostre performance e, di conseguenza, la vostra progressione professionale e la vostra carriera.

Ma il surplaisir sarà anche un ostacolo al vostro sviluppo personale, perché dicendo sempre sì agli altri, trascurerete i vostri obiettivi e sogni personali.

Inoltre, continuando a dire sì contro la vostra volontà, svilupperete risentimento verso le persone che vi chiedono costantemente, influenzando negativamente le vostre relazioni.

Queste saranno profondamente danneggiate dal surplaisir, con una dinamica alterata, poiché sarete percepiti come una persona che dice sempre sì, che accetta tutto senza eccezioni, compromettendo la dinamica delle vostre relazioni.

Con il tempo, finirete per intraprendere un circolo vizioso dal quale sarà molto difficile uscire. Più dite sì, più sarà difficile dire no. Vi sentirete intrappolati in un ciclo di surplaisir senza fine.

A lungo termine, dire sempre sì eroderà completamente la vostra autostima e la vostra personalità: vi sentirete svalutati nel vostro essere più intimo, come se i vostri bisogni non contassero affatto e non aveste alcuna identità propria.

Insomma, il quadro non è dei più rallegranti! Ma prendere consapevolezza dell'impatto estremamente dannoso della sovrapplicazione è necessario, poiché è una potente motivazione per apportare cambiamenti alle vostre abitudini.

Comprendendo le conseguenze negative e volendo

evitarle, sarete in grado di intraprendere azioni per bilanciare la vostra vita, dire no quando è necessario e preservare il vostro benessere e la vostra personalità.

2. Smantellare i modelli comportamentali

a. Identificare i momenti in cui dici sì per abitudine

È comune cadere nella routine del surplaisir, il circolo vizioso di cui abbiamo parlato poco fa e che nessuno vuole sperimentare, dove dire sì è diventato la norma.

Pertanto, uno dei passaggi cruciali per smantellare i modelli comportamentali è identificare i momenti in cui dici sì per abitudine, senza riflettere appieno sui tuoi bisogni e limiti.

Inizia osservandoti attentamente, prestando attenzione alle tue risposte automatiche, poiché a volte potresti dire sì senza nemmeno pensarci.

Individua in anticipo i segnali di allarme, essendo attento ai segnali interni che indicano che stai per dire sì senza riflettere. Potrebbe trattarsi di una sensazione di pressione, urgenza o paura.

Per aiutarti a individuare questi momenti in cui dici sì per abitudine, puoi tenere un diario delle tue interazioni sociali e degli impegni presi, annotando le circostanze, le persone coinvolte e i tuoi sentimenti in quel momento.

Annota anche le emozioni che provi, come frustrazione, rancore o disagio: queste emozioni sono indicatori importanti.

Una volta fatto ciò, cerca modelli ricorrenti e analizzali. Ad esempio, verifica se dici sempre sì a determinate persone o in situazioni specifiche. Identifica i modelli che si ripetono.

Esamina anche attentamente le aree specifiche della tua vita in cui il surplaisir è più frequente. È al lavoro, nella tua vita personale, nei rapporti familiari? Concentrati su questi ambiti particolari.

Infine, rifletti sulle conseguenze delle tue risposte automatiche. Come queste abitudini hanno influenzato la tua vita e il tuo benessere?

Inoltre, chiedi a degli amici di darti il loro parere sulla tua tendenza a dire sì per abitudine, poiché, come abbiamo già spiegato, gli altri a volte percepiscono questi modelli in modo più evidente.

Identificare i momenti in cui dici sì automaticamente è il primo passo per rompere questi schemi. Tuttavia, la consapevolezza di queste abitudini non significa che devi incolparti. Sii compassionevole verso te stesso, ammettendo che questi schemi sono radicati in esperienze e convinzioni passate.

Una volta che sei consapevole di queste tendenze, puoi iniziare a metterle in discussione, a prendere decisioni più informate e a sviluppare un'affermazione di te stesso più equilibrata.

b. Tecniche per rompere gli schemi di sovrappiaceri

Ora che hai identificato i momenti in cui dici sì per abitudine, è il momento di lavorare sulla decostruzione di questi schemi comportamentali tossici.

Elenchiamo le tecniche efficaci che ti aiuteranno a sviluppare un'affermazione di te più equilibrata e a rompere una volta per tutte gli schemi di sovrappiaceri:

• La regola del ritardo: prima di rispondere a una richiesta, prenditi una pausa. Dì alla persona che hai bisogno di riflettere e che tornerai da lei più tardi. Ciò ti darà il tempo di pesare i pro e i contro.

• La prioritizzazione: stabilisci chiaramente le priorità per i tuoi impegni. Identifica ciò che è veramente importante per te e impegnati solo a fare le cose che corrispondono alle tue priorità.

• Comunicazione onesta: pratica la comunicazione aperta e onesta, spiegando rispettosamente i tuoi limiti e i tuoi bisogni agli altri. Sii trasparente sulle tue capacità e sulla tua disponibilità.

• Apprendimento del no: imparare la capacità di dire no è essenziale. Si tratta di praticare il rifiuto in modo rispettoso, pur essendo decisi nella tua decisione (vedi parte II: dire no in modo convincente).

• L'uso di domande: poni domande alla persona che fa la richiesta per comprendere meglio le sue esigenze e per determinare se sei la persona più adatta a rispondere a questa richiesta.

• Auto-compassione: sii compassionevole verso te stesso, accettando che non puoi fare tutto per tutti e che è normale. L'auto-compassione ti aiuterà a evitare la colpa.

• Rafforzamento della fiducia in se stessi: lavorare sulla tua fiducia in te stesso ti renderà più capace di prendere decisioni in linea con i tuoi bisogni. Più hai fiducia nella tua propria valore, più è facile dire no quando è necessario.

• Gestione del tempo: impara a gestire il tuo tempo in modo efficace. L'organizzazione ti permetterà infatti di bilanciare meglio i tuoi impegni.

• Creazione di limiti chiari: stabilisci limiti personali chiari e comunicali agli altri, come ti abbiamo spiegato nella prima parte di questo libro. Una volta che gli altri conoscono i tuoi limiti, sono più inclini a rispettarli.

• Supporto sociale: circondati di persone che sostengono i tuoi obiettivi di rompere gli schemi di sovrappiaceri. Gli amici e la famiglia comprensivi ti incoraggeranno a prenderti cura di te stesso.

• Pratica regolare: rompere gli schemi di sovrappiaceri richiede una pratica regolare. Più ti eserciti a dire no e a stabilire limiti, più diventerà naturale.

Sperimenta queste strategie e trova quelle che sono più efficaci per te. Ogni persona è unica, e le tecniche che funzionano meglio variano a seconda della tua situazione personale.

La decostruzione degli schemi di sovrappiaceri richiede tempo e perseveranza, ma i benefici per il tuo benessere e le tue relazioni ne valgono sicuramente la pena.

c. La rieducazione mentale

La rieducazione mentale è un approccio potente per rompere gli schemi di sovrappiaceri e sviluppare un'affermazione di sé più equilibrata, al punto che le dedichiamo interamente questa sotto-sezione.

Essa si basa sulla modifica delle convinzioni e dei pensieri profondamente radicati che ti spingono a dire sì in modo eccessivo. Puoi lavorare sulla rieducazione mentale praticandola regolarmente.

Inizia identificando le convinzioni profonde che sono alla base della tua tendenza a dire sì in modo costante. Queste convinzioni possono essere idee come "Devo piacere a tutti" o "Dire no è egoistico".

Una volta identificate queste convinzioni limitanti, lavora sulla loro sostituzione con convinzioni positive ed equilibrate. Ad esempio, sostituisci "Devo piacere a tutti" con "Merego di prendermi cura di me stesso".

Utilizza affermazioni positive per rafforzare queste nuove convinzioni e ripetile regolarmente per ancorare questi pensieri positivi nella tua mente.

Pratica anche la visualizzazione: immaginati mentre dici no in modo rispettoso ed equilibrato e immaginati affermarti con fiducia. La visualizzazione ti aiuterà a liberarti dall'ossessione di piacere agli altri.

Pensa anche a meditare, poiché la meditazione è uno strumento potente per calmare la mente, accedere alle tue convinzioni profonde e modificarle. Medita regolarmente per sviluppare una consapevolezza più profonda di te stesso.

Ancora una volta, tenere un diario può essere un modo efficace per seguire i tuoi cambiamenti, esplorando i tuoi pensieri, le tue emozioni e i tuoi progressi nella rieducazione mentale.

A volte potrebbe essere necessario acquisire nuove competenze nell'affermazione di sé. Fai corsi o partecipa a workshop per sviluppare queste competenze.

Informarti sull'affermazione di sé, sulla psicologia e sulle relazioni sane leggendo libri e frequentando corsi. La conoscenza rinforzerà la tua comprensione e ti fornirà strumenti pratici.

Se hai difficoltà a modificare le tue convinzioni limitanti da solo, potresti considerare la possibilità di consultare un professionista della salute mentale. Una terapia ti aiuterà a lavorare su queste convinzioni in modo più approfondito.

Riprogrammare positivamente il tuo cervello richiede perseveranza. Le convinzioni profondamente radicate non cambiano da un giorno all'altro, ma con una pratica costante, puoi trasformare i tuoi schemi di comportamento.

La rieducazione mentale è un processo continuo che ti consentirà di decostruire gli schemi di sovrappiaceri e sviluppare un'affermazione di te più equilibrata. Richiede tempo e sforzi, ma sarai ricompensato da numerosi cambiamenti positivi che noterai nelle tue relazioni e, più in generale, nella tua intera vita.

3. Rieducarsi a dire sì in modo equilibrato

a. L'importanza dell'equilibrio

Dopo aver lavorato sulla decostruzione degli schemi di sovrappiaceri, puoi rieducarti a dire sì in modo equilibrato. Non bisogna cadere nell'eccesso opposto e dire no in modo sistematico!

Perché dire sì non è intrinsecamente negativo, è addirittura benefico, specialmente per preservare il tuo benessere e le tue relazioni, a condizione che sia fatto con discernimento.

Come abbiamo visto, se dici sì a tutto, ti esaurirai rapidamente, ma imparando a farlo in modo equilibrato, risparmierai la tua energia per le cose che contano davvero per te.

Sarai in grado di gestire meglio il tuo tempo e potrai dedicarlo, insieme alla tua energia, alle attività che hanno maggiore importanza per te.

Tuttavia, potrai talvolta conciliare i tuoi bisogni personali con quelli degli altri: quando accetti una richiesta, cerca quanto più possibile di far sì che essa sia legata a impegni che rispecchiano i tuoi valori e le tue ambizioni, poiché ciò ti consentirà contemporaneamente di progredire nella tua vita.

Dicendo sì con discernimento, potrai così dedicare del tempo ai tuoi obiettivi personali e ai tuoi sogni per realizzarli, stando contemporaneamente al fianco degli altri quando è appropriato.

Come bonus, se sai che le tue decisioni sono in linea con i tuoi bisogni, la tua autostima e la tua fiducia in te stesso ne usciranno rafforzate.

Inoltre, le relazioni sane si basano sull'equilibrio tra dare e ricevere, e stabilendo questo equilibrio, favorirai relazioni più armoniose, basate sul rispetto reciproco.

Così, gli altri ti apprezzeranno per la tua autenticità e costruirai relazioni autentiche basate sulla sincerità e il rispetto reciproco.

E, automaticamente, accettando alcune richieste, diminuirai il senso di colpa legato al rifiuto. Saprai che ti prendi cura di te stesso rimanendo disponibile per gli altri quando è appropriato.

Alla fine, l'equilibrio nella presa di decisioni porterà enormi benefici e ti aiuterà a mantenere una salute mentale positiva: ridurrai lo stress legato al sovrappiaceri e al sovraccarico, eviterai la colpa e avrai la sensazione di essere utile agli altri.

Imparare a dire sì in modo equilibrato è un'arte che contribuisce al tuo benessere complessivo. Ti permetterà di preservare la tua energia, mantenere relazioni sane e raggiungere i tuoi obiettivi personali.

Si tratta di una competenza estremamente preziosa che consoliderà la tua affermazione di te stesso e migliorerà profondamente la qualità della tua vita. Acquisiscila il più presto possibile!

b. Praticare il discernimento negli impegni

Il discernimento è la capacità della mente di giudicare chiaramente e in modo sano le cose. Quando riapprendi a dire sì in modo equilibrato, il discernimento diventa una competenza chiave.

Si tratta infatti di scegliere con attenzione gli impegni ai quali dai il tuo consenso, assicurandoti che siano in linea con i tuoi bisogni, i tuoi valori e le tue priorità.

Per praticare il discernimento nei tuoi impegni, prenditi prima il tempo di chiarire le tue priorità: identifica cosa conta di più per te nella tua vita in questo momento.

A tal fine, fai attenzione a come ti senti e ascolta i tuoi bisogni fisici, emotivi e mentali nel momento in cui qualcuno ti chiede qualcosa.

Prima di dire sì, rifletti bene sulle conseguenze di questo impegno. È un sacrificio troppo grande per te? Ti aiuterà a raggiungere i tuoi obiettivi o ti allontanerà dalle tue priorità?

Non esitare a fare domande e a chiedere informazioni aggiuntive prima di prendere una decisione. Ciò può aiutarti a capire meglio la richiesta e valutare se è adatta a te.

Dato che il tuo tempo e la tua energia sono preziosi e limitati, sii selettivo: non sentirti obbligato ad accettare ogni impegno che si presenta. Sii rigoroso nelle tue scelte, assicurandoti che siano in armonia con i tuoi valori.

Se sei già oberato da altri impegni, potrebbe essere saggio rifiutare per preservare il tuo benessere. Pertanto, valuta e considera il tuo carico mentale al momento della richiesta che ti viene fatta.

Nel caso in cui accettassi la richiesta e l'impegno che comporta, comunica chiaramente le tue limitazioni e i tuoi bisogni, spiegando in modo chiaro e preciso cosa puoi e non puoi fare.

Se ritieni che l'impegno in questione non corrisponda ai tuoi bisogni o alle tue priorità, pratica quindi il rifiuto rispettoso ed equilibrato, come insegnato nella parte II di questo libro. Il discernimento implica anche la capacità di dire no se necessario. Sii onesto ed esplica perché non puoi gestire la richiesta che ti è stata fatta.

Poiché la vita è in costante evoluzione, resta flessibile, ovvero nulla è fissato in modo definitivo, puoi adattare le tue decisioni in base a circostanze mutevoli.

In sintesi, il discernimento ti consente di dire sì in modo equilibrato, prendendo decisioni informate che sono in linea con i tuoi bisogni, le tue priorità e i tuoi valori.

Questa competenza ti dona la libertà di preservare il tuo benessere mentre contribuisci in modo significativo agli impegni che sono importanti per te.

Col tempo, grazie alla pratica, il discernimento rafforzerà la tua affermazione di te stesso e ti permetterà di condurre una vita più appagante.

c. La soddisfazione nell'affermazione di sé

Riprendendo a dire sì in modo equilibrato, scoprirete una profonda soddisfazione nell'affermare voi stessi.

Questa soddisfazione deriva dalla presa di decisioni che rispettano i vostri bisogni, i vostri limiti e i vostri valori.

Infatti, quando dite sì a impegni che rispecchiano i vostri valori personali, avvertite un'armonia interiore che rafforza la vostra autostima e soddisfazione.

Decidendo consapevolmente ciò che è importante per voi, provate un senso di autonomia e controllo sulla vostra vita.

Preservate la vostra energia per le cose che contano di più e ciò vi regala una soddisfazione aumentata, perché sapete di utilizzare il vostro tempo in modo significativo.

In effetti, dire sì in modo equilibrato vi consente di raggiungere i vostri obiettivi personali e di realizzare i vostri sogni, portando una grande soddisfazione personale.

Proverete quindi un maggior appagamento nella vostra vita, sentendovi in armonia con voi stessi e con i vostri obiettivi.

L'affermazione di sé vi permette di realizzare appieno il vostro potenziale e porta una forte sensazione di realizzazione personale.

Inoltre, dicendo no quando è necessario, riducete lo stress legato al sovraccarico e al troppo piacere, consentendovi di condurre una vita più equilibrata.

Per quanto riguarda le vostre relazioni, essendo onesti nei vostri impegni, costruirete legami più autentici: gli altri vi apprezzeranno per la vostra sincerità e coerenza.

Le relazioni basate sull'affermazione di sé sono di migliore qualità, poiché si fondano sul rispetto reciproco e sulla comunicazione onesta.

E sapendo che vi prendete cura di voi stessi pur essendo disponibili per gli altri in modo equilibrato, diminuite la colpa legata al rifiuto: vi sentirete di conseguenza molto più leggeri e in pace con voi stessi.

In effetti, più praticate l'affermazione di sé, più la vostra fiducia in voi stessi cresce, aumentando allo stesso tempo la vostra felicità, poiché la fiducia in sé è un fattore chiave della soddisfazione nella vita.

Insomma, la soddisfazione nell'affermazione di sé deriva dalla capacità di prendere decisioni illuminate che preservano il vostro benessere contribuendo in modo significativo alla vostra vita e a quella degli altri.

È una grande fonte di felicità, realizzazione e serenità. Riprendendo a dire sì in modo equilibrato, vi liberate dall'ossessione di piacere, vi affermate pienamente e coltivate attivamente questa soddisfazione che arricchisce la vostra vita in modo profondo e continuo.

Parte IV

Affrontare l'intimidazione e le persone dominanti

1. Non più sfuggire al confronto

a. Segni di una personalità che evita il confronto

Evitare il confronto quando si presenta porta nella maggior parte dei casi a conseguenze molto negative sul tuo benessere e sulle tue relazioni, poiché ti lasci letteralmente calpestare quotidianamente, sia in un contesto professionale che nella tua vita personale.

Questo comportamento è generalmente strettamente legato a ciò che abbiamo visto nella parte precedente, cioè il desiderio di piacere, che si manifesta con una tendenza eccessiva a cercare l'approvazione degli altri a discapito dei tuoi bisogni e limiti.

Hai la tendenza ad evitare il confronto se presenti alcuni o molti dei seguenti segni:

• Difficoltà a dire no: ti è difficile rifiutare le richieste degli altri, anche quando ciò ti sovraccarica o non corrisponde alle tue priorità.

• Paura del rifiuto: hai una paura intensa del rifiuto e fai tutto il possibile per evitare di contrariare gli altri.

• Priorità ai bisogni degli altri: metti sistematicamente i bisogni e i desideri degli altri prima dei tuoi.

• Negazione dei tuoi bisogni: trascuri i tuoi bisogni emotivi, mentali e fisici per rispondere alle aspettative degli altri.

• Evitamento dei conflitti: eviti i conflitti a tutti i costi, anche quando ciò significa non esprimere le tue opinioni o sentimenti.

• Autocritica eccessiva: sei molto critico nei confronti di te stesso e credi spesso di non essere abbastanza buono, spingendoti a cercare l'approvazione degli altri per compensare.

• Preoccupazione eccessiva: ti preoccupi costantemente di cosa gli altri pensano di te, generando ansia.

• Bassa autostima: la tua autostima dipende in gran parte da come gli altri ti percepiscono.

• Difficoltà a prendere decisioni: ti è difficile prendere decisioni autonome, perché temi che possano non piacere a qualcuno.

• Desiderio costante di approvazione: cerchi costantemente l'approvazione, i complimenti e la convalida degli altri per sentirti bene con te stesso.

• Sacrificio dei tuoi obiettivi: abbandoni i tuoi sogni e

obiettivi personali per conformarti alle aspettative degli altri.

• Epuisemento emotivo: cercando costantemente di piacere agli altri, finisci per esaurirti emotivamente, portando a una detrazione del tuo benessere mentale.

• Difficoltà a stabilire limiti: ti è difficile stabilire limiti chiari, il che significa che gli altri spesso approfittano di te.

• Sensazione di vuoto: nonostante i tuoi sforzi per piacere, avverti un vuoto interiore e una mancanza di soddisfazione personale.

• Frustrazione e risentimento: nel lungo periodo, l'ossessione di piacere genera frustrazione e risentimento verso coloro che sembrano approfittare della tua gentilezza senza riconoscere i tuoi bisogni.

Riconoscere questi segni è il primo passo per riprendere in mano la tua vita e imparare a imporre te stesso, affrontando il conflitto se inevitabile. Non sei un tappetino, cavolo!

La continuazione di questo capitolo esplorerà modi concreti per superare la paura del confronto e per affermarti di più, in modo equilibrato, al fine di prenderti cura dei tuoi bisogni mentre mantieni relazioni sane.

b. Tecniche per coltivare l'autostima

L'autostima è un vero pilastro per non avere paura di dispiacere ed esprimere le proprie convinzioni e i propri bisogni.

Un'autostima solida ti consente di affermarti, di prenderti cura dei tuoi bisogni e di vivere in modo autentico. Esaminiamo punto per punto diverse tecniche per coltivare e rafforzare la tua autostima:

• Auto-compassione: sii gentile con te stesso e pratica l'auto-compassione. Trattati con la stessa benevolenza che riservi agli altri.

• Accettazione di sé: accetta le tue imperfezioni e le tue differenze. Nessuno è perfetto, e questo include te. L'accettazione di sé rafforza l'autostima.

• Riconoscimento dei tuoi successi: tieni un diario dei tuoi successi, grandi o piccoli. Ti ricorderà le tue competenze e realizzazioni.

• Esplorazione delle tue passioni: identifica ciò che ti appassiona e dedica del tempo a queste attività. Ciò aumenterà la tua autostima permettendoti di fiorire in ciò che ami.

• Espressione dei tuoi bisogni: pratica l'espressione dei tuoi bisogni in modo chiaro e rispettoso. Ciò ti aiuterà a sentirti ascoltato e valorizzato.

• Meditazione mindfulness: la meditazione mindfulness ti consente di connetterti con te stesso, di placare l'ansia e allo stesso tempo di rafforzare la tua fiducia in te stesso.

• Apprendimento di nuove competenze: imparare nuove competenze o continuare la formazione mostra che sei disposto a investire su te stesso, il che è molto benefico per la fiducia in se stessi.

• Impostazione di obiettivi personali: stabilisci obiettivi personali realistici e raggiungibili. Il raggiungimento di essi aumenterà la tua fiducia in te stesso.

• Circondarti di persone positive: circondati di persone positive e benevoli che ti supportano nella tua ricerca di rafforzamento dell'autostima.

• Gestione dell'autocritica: sii consapevole del tuo dialogo interno e sostituisci i pensieri negativi con affermazioni positive.

• Accettazione dei complimenti: impara ad accettare i complimenti con gratitudine anziché minimizzarli o respingerli.

• Pratica dell'affermazione di sé: utilizza tecniche di affermazione di sé per sviluppare la fiducia nelle tue competenze e scelte.

• Conoscenza di sé: questa rafforza l'autostima, perché più ti conosci, più è facile prendere decisioni allineate con i tuoi bisogni e i tuoi valori.

Tutte queste tecniche sono mezzi concreti ed efficaci per coltivare e rafforzare la tua autostima.

Sviluppando un'autostima robusta, diventerai più resistente alla paura di dispiacere, non temerai più il confronto e sarai meglio attrezzato per vivere in modo autentico, equilibrato e appagante.

c. L'importanza dell'autenticità

L'autenticità si rivela come un elemento centrale per non avere paura di dispiacere e affermarsi. È quindi cruciale per il tuo benessere e le tue relazioni.

Essere autentici significa essere fedeli a se stessi, ai propri valori, ai propri bisogni e ai propri limiti, indipendentemente dalle aspettative degli altri.

Essere autentici implica prendere decisioni allineate ai propri valori, contribuendo a fare scelte informate e significative.

Assumi pienamente la responsabilità delle tue scelte e azioni, senza mai incolpare gli altri per le tue decisioni.

Sai semplicemente quando dire no e quando dire sì in piena consapevolezza, rispettando i tuoi limiti personali senza sentirte in colpa.

E quando agisci in accordo con le tue convinzioni, rafforzi la tua autostima: ti rispetti e riconosci il tuo valore.

Così, l'autenticità è un pilastro dell'affermazione di sé, poiché possiedi la fiducia necessaria per esprimere i tuoi bisogni e i tuoi limiti in modo rispettoso.

Ciò ti aiuta a esplorare i tuoi talenti, passioni e obiettivi in modo sincero, e a realizzare il tuo pieno potenziale.

Essere autentici favorisce inoltre una comunicazione efficace, poiché ti esprimi in modo onesto e chiaro, semplificando notevolmente la comprensione reciproca e la risoluzione dei conflitti.

Gli altri sanno cosa aspettarsi da te, poiché l'autenticità ti rende più coerente nel tuo comportamento e nei tuoi valori.

Di conseguenza, naturalmente, ciò porta alla creazione di relazioni sincere e profonde: le persone sono attratte da chi è autentico, perché lo percepiscono come affidabile e degno di fiducia.

E poiché non indossi maschere per piacere agli altri, riduci lo stress legato alla dissimulazione dei tuoi bisogni e dei tuoi sentimenti.

In sintesi, l'autenticità è una strada maestra verso l'auto-realizzazione, poiché, essendo autentico, vivi in armonia con la tua vera natura e sperimenti una soddisfazione profonda.

L'autenticità è un viaggio interiore che ti consente di affermarti preservando il tuo benessere, è una chiave per affrontare serenamente conflitti e situazioni delicate e vivere un'esistenza piena di significato, vera connessione e soddisfazione personale.

Abbracciando l'autenticità, ti apri a un mondo di possibilità per una vita appagante!

2. Affrontare l'intimidazione fisica e mentale

a. Reazioni emotive di fronte all'intimidazione

L'intimidazione definisce un tipo di comportamenti aggressivi, talvolta ripetuti, miranti a nuocere a una persona, fisicamente, verbalmente, socialmente o emotivamente. Ciò può verificarsi in vari contesti come la scuola, il lavoro, i social media e Internet, o qualsiasi altro ambiente sociale.

I comportamenti intimidatori, anche se discreti, non sono mai innocui e possono causare danni emotivi, psicologici e talvolta fisici significativi alla persona presa di mira.

Le conseguenze dell'intimidazione possono essere talvolta gravi per le vittime, portando a problemi di salute mentale come depressione, ansia, stress post-traumatico e persino pensieri suicidi.

Quando ti trovi di fronte a intimidazioni fisiche o mentali, è quindi del tutto naturale provare una vasta gamma di emozioni.

Queste reazioni emotive variano in intensità a seconda della situazione e della persona. Elenchiamo le più

119

comuni:

• Paura: la paura è una delle emozioni più comuni in caso di intimidazione fisica. Può derivare dalla minaccia percepita alla tua sicurezza o dall'incertezza sull'esito della situazione.

• Rabbia: la rabbia emerge in risposta all'ingiustizia o all'aggressione. Potresti provare rabbia verso la persona che ti sta intimidendo o verso il sistema che consente l'intimidazione.

• Frustrazione: la frustrazione deriva spesso dalla sensazione di impotenza di fronte all'intimidazione. Ti senti frustrato perché non riesci a porre fine alla situazione.

• Tristezza: la tristezza può manifestarsi quando sei vittima di intimidazioni. Provare una profonda tristezza a causa del modo in cui sei trattato.

• Vergogna: la vergogna è spesso un effetto collaterale dell'intimidazione, soprattutto se implica un umiliazione pubblica. Potresti sentirti vergognoso per ciò che è accaduto.

• Imbarazzo: se l'intimidazione è avvenuta in pubblico, potresti provare imbarazzo e temere il giudizio degli altri.

• Ansia: l'intimidazione genera ansia, poiché prevedi ulteriori confronti o temi di rivivere situazioni simili.

• Confusione: di fronte all'intimidazione, è possibile sentirsi persi e confusi sulle ragioni di tale aggressione o su come reagire.

• Necessità di protezione: potresti sentire un forte bisogno di protezione, che sia da parte di amici, parenti o autorità.

• Distacco emotivo: è da notare che, quando affrontano l'intimidazione, alcune persone si distaccano completamente emotivamente dalla situazione, al fine di minimizzarne l'impatto. Si tratta di una sorta di fuga che di solito non risolve il problema.

Ciascuna di queste emozioni è legittima e non esiste una reazione corretta. Tuttavia, è fondamentale riconoscere e comprendere le proprie reazioni emotive di fronte all'intimidazione.

Il passo successivo consiste nel trovare strategie per affrontare queste emozioni e l'intimidazione stessa, in base alla propria situazione e ai propri bisogni.

b. Tecniche di autodifesa fisica e mentale

Purtroppo, comportamenti minacciosi sono comuni nella vita di tutti i giorni, portando a volte a conseguenze gravi come abbiamo spiegato in precedenza, e nessuno può sfuggirvi veramente.

Di fronte all'intimidazione, è quindi essenziale avere a disposizione tecniche di autodifesa, sia fisiche che mentali, per proteggere la propria sicurezza, salute e benessere.

Queste tecniche, oltre a sviluppare la vostra fiducia in caso di aggressione, vi aiuteranno a reagire in modo efficace.

Iniziamo con l'autodifesa fisica:

• Imparate le basi dell'autodifesa: prendere lezioni di autodifesa vi insegnerà tecniche di protezione personale, compresi movimenti di base per respingere un aggressore.

• Identificate i punti vulnerabili: imparate a individuare i punti sensibili del corpo umano, come gli occhi, il naso, la gola e le articolazioni, per sapere dove colpire in caso di necessità.

• La voce come arma: la vostra voce può essere

un'arma potente per distrarre l'attenzione dell'aggressore, chiedere aiuto e guadagnare tempo.

• La fuga: quando è possibile, la migliore opzione è fuggire dalla situazione. Imparate a valutare rapidamente le uscite e le possibili vie di fuga.

• Utilizzo di oggetti comuni: sappiate che alcuni oggetti della vita quotidiana possono essere utilizzati come strumenti di autodifesa, come chiavi, una penna o un ombrello.

Passiamo ora all'autodifesa mentale:

• Fiducia in se stessi: sviluppate la vostra fiducia nelle vostre capacità di affrontare la situazione. Più avrete fiducia in voi stessi, meno sarete una facile preda.

• Preparazione mentale: considerate scenari e preparatevi mentalmente ad affrontare l'intimidazione. Più siete preparati, più sarete reattivi.

• Gestione dello stress: praticate tecniche di gestione dello stress per mantenere la vostra concentrazione e resilienza in situazioni di intimidazione.

• Rimanete calmi: gestire l'ansia e la paura è essenziale. Respirate profondamente per mantenere la vostra calma e capacità di riflessione.

• Valutazione del rischio: imparate a valutare rapidamente i rischi per determinare la migliore risposta, che sia resistere o fuggire.

• Consapevolezza dell'ambiente: siate consapevoli del vostro ambiente e delle persone che potrebbero aiutarvi in caso di necessità.

• Assertività: imparate a far valere le vostre opinioni esprimendo chiaramente i vostri limiti e rifiutandovi di cedere all'intimidazione.

• Comunicazione: utilizzate competenze comunicative per smorzare la situazione, parlate in modo rispettoso e assertivo.

• Chiedere aiuto: non esitate a chiedere aiuto urlando o utilizzando un dispositivo di allarme se la situazione lo richiede.

• Supporto: parlate della situazione con amici, parenti o professionisti per ottenere supporto emotivo.

È importante notare che l'autodifesa non significa necessariamente fare uso della forza fisica. Le strategie mentali e di comunicazione sono spesso altrettanto efficaci, se non di più, nel affrontare l'intimidazione.

La scelta della tecnica dipenderà dalla situazione e dal vostro livello di comfort, con l'obiettivo finale di proteggervi e mantenere la vostra sicurezza.

c. Segnalare e prevenire l'intimidazione

La lotta contro l'intimidazione fisica o psicologica implica non solo reagire a situazioni di aggressione esistenti, ma anche implementare misure preventive per garantire la sicurezza a lungo termine.

Pertanto, se sei testimone o vittima di intimidazioni, è essenziale non tacere. Segnala l'incidente a una persona di fiducia, che sia un parente, un professionista della salute o, se del caso, un agente dell'ordine pubblico.

Documenta l'incidente prendendo note su di esso, inclusi le persone coinvolte, i testimoni, le date e i luoghi. Più informazioni hai, più è facile segnalare e risolvere il problema.

Responsabilizza i testimoni e incoraggiali a segnalare l'intimidazione e a non essere spettatori passivi. I testimoni giocano un ruolo fondamentale in caso di procedimenti legali e nel far valere i tuoi diritti.

Successivamente, segui i protocolli stabiliti per

garantire che l'incidente sia preso sul serio e utilizza i canali appropriati: scuole e luoghi di lavoro hanno di solito procedure per segnalare l'intimidazione. Puoi anche recarti alla stazione di polizia più vicina per segnalare l'incidente di cui sei stato testimone o per presentare una denuncia, se ti riguarda direttamente.

Se l'intimidazione avviene al di fuori della scuola o del lavoro, ci sono anche organizzazioni dedite alla prevenzione dell'intimidazione che possono offrire consigli e assistenza.

I segnali precoci di intimidazione devono essere presi molto seriamente. In ogni caso, agisci tempestivamente per impedire che le situazioni si ripetano o peggiorino.

Infine, se possibile, offri supporto alle vittime di intimidazione per aiutarle a far fronte alle conseguenze emotive dell'atto. Le vittime devono sapere che non sono sole.

La prevenzione dell'intimidazione è uno sforzo collettivo che richiede consapevolezza, educazione e azione costante.

Lavorando insieme per segnalare, prevenire e intervenire in caso di intimidazione, possiamo creare ambienti più sicuri e rispettosi per tutti.

3. Affrontare una persona dominante

a. Identificare i comportamenti dominanti

Per affrontare una persona dominante, è prima necessario essere in grado di identificare i comportamenti dominanti. Concretamente, come si manifestano?

Questi comportamenti possono assumere varie forme e presentarsi in modi diversi, e riconoscere questi segni è il primo passo per affrontare la situazione.

Spesso le persone dominanti utilizzano la loro posizione di potere per controllare gli altri, sia sul luogo di lavoro, in famiglia o in altri contesti.

Frequentemente ricorrono al disprezzo e al sarcasmo per mostrare la loro superiorità, creando un clima tossico di sarcasmo costante.

Generalmente, i dominanti hanno anche la tendenza a monopolizzare la conversazione. Parlano molto, interrompono frequentemente gli altri e non lasciano spazio per opinioni e idee diverse dalle loro.

Utilizzano anche tattiche di umiliazione per abbassare gli altri, come commenti sprezzanti, critiche costanti e insulti.

Queste critiche possono riguardare l'aspetto, le competenze o le scelte delle loro vittime, minando così la loro fiducia in se stesse.

D'altra parte, non tollerano la minima critica e reagiscono spesso in modo eccessivo quando qualcuno osa metterli in discussione.

Inoltre, le persone dominanti tendono ad ignorare i bisogni e i sentimenti degli altri, concentrandosi solo sui loro desideri.

Insistono sempre affinché le cose si svolgano a modo loro, senza preoccuparsi minimamente degli altri, e vogliono imporre la loro volontà a ogni costo.

Poiché si aspettano che gli altri si pieghino alla loro volontà, i dominanti sono poco propensi a fare compromessi.

Possono persino arrivare a utilizzare spudoratamente la manipolazione emotiva per ottenere ciò che vogliono, il che include la colpevolizzazione, la finta vittimizzazione o la minaccia di ritirare l'affetto.

Tutti questi comportamenti dominanti sono abbastanza facilmente identificabili se li si conosce. Identificarli è essenziale per prendere consapevolezza della situazione e decidere come affrontarla.

Quando riconosci questi segni, sei in grado di sviluppare strategie per confrontare la persona dominante in modo assertivo e costruttivo.

b. Strategie per affrontare in modo costruttivo

Affrontare una persona dominante è una sfida reale, ma utilizzando strategie e approcci appropriati, è possibile mantenere la propria integrità, difendere i propri diritti e stabilire limiti chiari.

Se possibile, prima di confrontare la persona dominante, preparati avendo una comprensione chiara dei tuoi bisogni, dei tuoi diritti e degli obiettivi che desideri raggiungere.

Scegli il momento e il luogo giusti, ovvero quelli appropriati per il confronto. Evita, se possibile, di farlo in pubblico.

Soprattutto, di fronte a una persona dominante, non perdere la calma, mantieni la tua compostezza in ogni circostanza: non reagire in modo emotivo, non aggredirla verbalmente o, peggio ancora, fisicamente, poiché ciò si ritorcerebbe contro di te, rafforzando al meglio il comportamento dannoso della persona di fronte a te, al peggio attirandoti problemi legali.

Ascolta attentamente ciò che la persona dominante ha da dire. Cerca di comprendere il suo punto di vista, anche se non sei d'accordo.

Successivamente, esprimi chiaramente i tuoi bisogni e le tue opinioni in modo rispettoso ma deciso, stabilendo limiti chiari su ciò che sei disposto a accettare. Fai sapere quali sono le tue linee guida e le conseguenze in caso di superamento.

Affirma e difendi la tua posizione in modo razionale, presentando argomenti solidi a supporto delle tue idee e dei tuoi bisogni, e supportali utilizzando esempi concreti di comportamenti che ti creano problemi.

In alternativa, l'approccio della comunicazione non violenta potrebbe aiutarti ad esprimere i tuoi sentimenti, i tuoi bisogni e le tue richieste in modo costruttivo. Utilizza questa metodologia per smorzare i conflitti (ti rimandiamo al capitolo dedicato in questo libro).

Durante il confronto, cerca di rimanere aperto alla negoziazione e alla ricerca di soluzioni che soddisfino sia i tuoi bisogni che quelli della persona dominante.

Tuttavia, non permettere che questa persona intacchi il tuo benessere. Qualunque cosa succeda, assicurati di prenderti cura di te stesso e di mantenere limiti personali solidi.

Se il confronto diventa tossico o inutile, potrebbe essere meglio prendere le distanze per proteggere il tuo benessere.

In situazioni particolarmente difficili o se il confronto non porta risultati, cerca il supporto di persone fidate, che siano amici, colleghi o professionisti.

Affrontare in modo costruttivo una persona dominante è un processo graduale che richiede perseveranza e lavoro sulla comunicazione per stabilire relazioni più equilibrate e rispettose. Non è mai qualcosa di facile!

c. La comunicazione efficace nelle relazioni difficili

Una comunicazione efficace è vitale quando si affronta una persona dominante.

Effettivamente, una comunicazione chiara e costruttiva vi aiuterà a risolvere i conflitti, a stabilire limiti e a preservare le relazioni.

Ecco alcuni consigli specifici per una comunicazione

efficace nelle relazioni difficili:

• Sii rispettoso: anche se la persona di fronte a te ti infastidisce, o addirittura ti disgusta, la base di una comunicazione efficace è il rispetto reciproco. Quando esprimi disaccordi, fallo sempre in modo rispettoso.

• Ascolto attivo: l'ascolto attivo è essenziale. Presta totale attenzione alla persona dominante quando si esprime e evita, ad esempio, di preparare la tua risposta mentre parla. Sarai così libero di analizzare meglio ciò che sta dicendo.

• Fai domande aperte: incoraggia la persona dominante a esprimersi ponendo domande aperte, poiché ciò ti aiuterà a comprendere meglio le sue motivazioni e preoccupazioni. Le tue domande la metteranno anche alle strette, costringendola a fornire spiegazioni sul suo comportamento.

• Usa il "Io": le dichiarazioni con un "Io" esprimono i tuoi sentimenti e le tue esperienze personali senza accusare. Ad esempio, anziché dire "Tu hai torto", di' "Io sento che...".

• Evita le generalizzazioni: non fare generalizzazioni affrettate o giudizi sulla persona dominante. Concentrati piuttosto su comportamenti specifici.

• Rimanete concentrati sull'argomento: evitate di deviare dalla questione in discussione e rimanete concentrati sul problema che state cercando di risolvere.

• Usa un linguaggio positivo: utilizza un linguaggio positivo per esprimere i tuoi bisogni e le tue aspettative. Invece di dire "Non fare questo", di' "Preferirei che tu facessi questo".

• Esprimi le tue emozioni: è importante esprimere le tue emozioni in modo onesto ma costruttivo. Di' semplicemente come ti senti di fronte alla situazione.
• Cerca punti in comune: individua punti in comune o interessi condivisi che potrebbero servire da base per risolvere il conflitto.

• Usa segnali non verbali appropriati: il tuo linguaggio del corpo e l'espressione facciale hanno un impatto molto forte sulla comunicazione. Cerca quindi di essere consapevole di questi segnali non verbali.

• Prendi pause se necessario: se la discussione diventa troppo tesa, non esitare a prendere delle pause per calmarti prima di riprendere la conversazione.

• Richiedi feedback: chiedi all'altra persona come percepisce la situazione e se ha suggerimenti per risolvere il conflitto.

• Rimanete aperti al compromesso: siate pronti a negoziare e a trovare compromessi che soddisfino sia i vostri bisogni che quelli della persona dominante.

• Cerca una soluzione comune: l'obiettivo finale è trovare una soluzione che soddisfi entrambi, quindi mostrati aperto alla collaborazione.

La comunicazione efficace nelle relazioni difficili richiede pratica, pazienza e perseveranza.

Utilizzando queste strategie, migliorerai le tue competenze comunicative e gestirai meglio le situazioni con le persone dominanti. Guadagnerai persino il loro rispetto, poiché non ti lascerai più calpestare!

Parte V

Rispondere alla mancanza di rispetto con tatto ma fermezza

1. Identificare i segnali di mancanza di rispetto

a. Riconoscere i segnali d'allarme della mancanza di rispetto

La mancanza di rispetto è purtroppo così comune nelle nostre interazioni quotidiane da diventare quasi banale, tanto che a volte nemmeno la notiamo più.

Questo è un grave errore, poiché nel corso di queste attacchi insidiosi, la vostra autostima e fiducia in voi stessi si eroderanno lentamente senza che ve ne accorgiate e, accettando anche la più lieve mancanza di rispetto, incoraggerete individui irrispettosi a spingersi sempre più oltre nel loro comportamento abusivo. Come ha detto poeticamente qualcuno, il rispetto deve essere un raggio di sole che non tramonta mai!

Dovete quindi riconoscere tutti i segnali d'allarme della mancanza di rispetto quando si presentano, anche quelli apparentemente lievi, quando il sole è appena velato, per preservare la vostra dignità e il vostro benessere.

Per cominciare, quando una persona non vi ascolta attivamente e non presta attenzione a ciò che dite, questo indica già una mancanza di rispetto, in particolare per la vostra voce e le vostre preoccupazioni.

Allo stesso modo, se qualcuno non tiene conto del vostro punto di vista e non considera le vostre opinioni, le vostre idee o i vostri sentimenti, sta manifestando un evidente mancanza di rispetto nei vostri confronti come individuo.

In modo analogo, non mantenere le promesse fatte a voi o non rispettare un accordo concluso denota una mancanza di rispetto per la vostra fiducia.

D'altra parte, quando una persona vi fa aspettare ripetutamente senza scusarsi o senza considerare il vostro tempo, si tratta di una mancanza di considerazione per il vostro tempo e il vostro programma, e quindi di un avvertimento che dovrebbe indicarvi che la persona in questione non vi rispetta.

Quanto a insulti, critiche costanti e commenti offensivi, sono ovviamente segni evidenti di mancanza di rispetto.

Nello stesso contesto, i commenti discriminatori basati sulla vostra origine, genere, religione o altre caratteristiche sono altrettanto chiaramente irrispettosi. Un'altra forma di mancanza di rispetto verbale, più insidiosa ma altrettanto perniciosa, consiste nel rivolgersi a voi in modo condescendente, facendovi sentire inferiori o ignoranti.

In generale, qualsiasi attacco personale mirato a ferirvi emotivamente o a sminuirvi è un segno inequivocabile di mancanza di rispetto. Nessuno dovrebbe tollerare di essere costantemente denigrato!

La manipolazione emotiva, come la colpevolizzazione o il ricatto, è anche una forma di mancanza di rispetto volta a controllare le vostre azioni.

Più grave ancora è la mancanza di rispetto del vostro consenso in tutte le situazioni, che sia nelle relazioni intime o in altri contesti. Assolutamente inaccettabile!

Dovreste anche considerare qualsiasi intrusione non richiesta nella vostra vita privata, che si tratti di frugare tra le vostre cose o di fare domande invasive, come un segno di mancanza di rispetto per la vostra privacy.

In generale, ricordate che se qualcuno non tiene conto dei vostri limiti personali, che sia invadendo il vostro spazio personale o insistendo affinché facciate qualcosa che non volete, non vi sta rispettando.

Riconoscendo questi segnali d'allarme fin dall'inizio,

potrete reagire prontamente e affrontarli, evitando al contempo l'accumulo di risentimento spesso tossico.

Se riconoscete uno dei segni di mancanza di rispetto nelle vostre relazioni, dovrete prendere immediatamente misure per ribadire i vostri limiti, richiedere il rispetto che meritate e, se necessario, allontanare le persone che calpestano spensieratamente la vostra dignità e il vostro benessere.

b. L'importanza dell'autovalutazione

L'autovalutazione è un processo mediante il quale una persona valuta e esamina le proprie competenze, prestazioni, punti di forza, debolezze, atteggiamenti o qualsiasi altro aspetto rilevante del proprio comportamento o delle proprie conoscenze.

Essa implica una riflessione personale sulle proprie azioni, risultati ed esperienze, al fine di identificare i punti di forza, gli ambiti in cui migliorare e di elaborare piani d'azione per progredire.

I vantaggi dell'autovalutazione risiedono nel fatto che consente di prendere una prospettiva distante, di conoscersi meglio, di individuare lacune e punti di forza, e di intraprendere azioni per migliorare.

In questo contesto, l'autovalutazione si afferma come un alleato prezioso per identificare i segni della mancanza di rispetto nelle vostre relazioni.

Infatti, praticarla vi aiuterà a conoscere, identificare e comprendere meglio i vostri limiti personali, i vostri bisogni e la vostra soglia di tolleranza alla mancanza di rispetto. È essenziale sapere cosa siete disposti ad accettare e cosa non tollererete!

Come abbiamo spiegato, la mancanza di rispetto può diventare la norma se non viene identificata rapidamente. L'autovalutazione vi impedirà quindi di normalizzare comportamenti irrispettosi.

L'autovalutazione vi conferirà un senso di controllo sulla vostra vita e vi aiuterà a prendere decisioni informate riguardo alle vostre relazioni.

Potrete individuare quali relazioni sono positive e salutari per voi e quali sono tossiche, e potrete decidere consapevolmente di mantenere legami con persone rispettose e allontanarvi da chi non lo è. Autovalutandovi, vi aiuterà a coltivare relazioni sane, basate sul rispetto reciproco e sulla comprensione.

E facendo regolarmente autovalutazioni, diventerete più attenti ai segnali premonitori della mancanza di rispetto, consentendovi di intervenire in modo più tempestivo.

L'autovalutazione non è un esercizio isolato, ma un processo continuo. Richiede riflessione e onestà verso voi stessi.

Praticandola regolarmente, rafforzerete la vostra capacità di reagire in modo appropriato alla mancanza di rispetto, sarete in grado di difendere i vostri diritti e le vostre relazioni saranno di migliore qualità, rispettose e più sane.

Col tempo, vi affermerete come individuo che merita rispetto, aumenterete la vostra autostima e favorirete la vostra crescita personale!

c. Stabilire limiti chiari

Stabilire limiti chiari e comunicarli in modo deciso è essenziale per affrontare la mancanza di rispetto e preservare relazioni sane. Questi limiti definiscono ciò che accetti e ciò che non tolleri nelle tue interazioni con gli altri.

Abbiamo ampiamente affrontato l'argomento nella prima parte (Parte 1: stabilire i propri limiti con sicurezza), ma è importante tornarci sopra qui, per ripetere alcuni punti e svilupparne altri.

Il primo passo per stabilire limiti chiari è capire cosa è accettabile per te e cosa non lo è. Rifletti sulle tue valori, esigenze e preferenze (per aiutarti, puoi consultare la prima parte di questo libro).

Una volta identificati i tuoi limiti, devi comunicarli in modo chiaro e rispettoso. Quando senti che i tuoi limiti sono violati, esprimilo in modo calmo ma deciso.

Sii diretto e specifico, evita ambiguità in modo che gli altri capiscano chiaramente cosa ti aspetti.

La coerenza è altrettanto importante per mantenere limiti solidi: non fare eccezioni alle regole che hai stabilito, altrimenti gli altri potrebbero avere difficoltà a rispettarle.

Può capitare che alcuni testino i tuoi limiti per vedere se sono flessibili. Anche se può essere difficile, cerca di rimanere saldo e non lasciare che le violazioni passino senza reazione.

Ricorda che hai il diritto di rispettarti e di chiedere rispetto agli altri, e non lasciare che la colpa ti sopraintenda.

Tuttavia, sii paziente: gli altri potrebbero avere bisogno di tempo per abituarsi ai tuoi limiti. Quindi sii paziente, ma rimani coerente nell'applicarli!

Infine, se nonostante tutto ciò che hai messo in atto, qualcuno continua a non rispettare i tuoi limiti, sarà importante che tu stabilisca delle conseguenze per le sue azioni: ciò potrebbe includere la riduzione del tempo trascorso con questa persona o una rivalutazione della relazione.

Sii anche pronto a allontanarti definitivamente da questa persona nel caso in cui continui a violare i tuoi limiti in modo evidente e a interagire con te senza alcun rispetto. Sarà una decisione saggia e necessaria per preservare la tua autostima, la tua salute mentale e il tuo benessere.

Stabilire limiti precisi non è un atto di egoismo, ma una mossa essenziale per preservare la tua dignità, il tuo amore per te stesso e la tua felicità. Imporre limiti chiari favorirà relazioni più sane e rispettose, proteggendo al contempo la tua integrità.

2. Reagire in modo appropriato e rispettoso

a. Le strategie di comunicazione efficaci

Comunicare in modo efficace rimane un mezzo privilegiato per reagire in modo adulto, costruttivo ed efficiente alla mancanza di rispetto e alle attitudini maleducate.

Infatti, una buona comunicazione, padroneggiata e adattata alle circostanze, consente di esprimere le proprie opinioni, i propri bisogni e i propri limiti in modo chiaro, diretto e rispettoso.

Ecco, punto per punto, le strategie di comunicazione da mettere in pratica in caso di mancanza di rispetto e provocazioni:

• Evita la diretta confrontazione: se possibile, evita di confrontare direttamente una persona aggressiva o provocatoria. Se puoi, aspetta il momento giusto per affrontare i problemi.

• Mantieni il contatto visivo: questo dimostra la tua fiducia in te stesso. Quando comunichi, mantieni un contatto visivo appropriato, cioè che non sfugge, e guarda l'interlocutore negli occhi.

• Utilizza un linguaggio corporeo aperto: il tuo linguaggio corporeo dice molto sul tuo livello di fiducia. Mantieni una postura aperta e rilassata per mostrare che ti senti a tuo agio con la comunicazione.

• Pratica la gestione delle emozioni: gestisci le tue emozioni in modo da non reagire in modo eccessivo o nervoso. Rimarrai così calmo e tranquillo quando prendi la parola.

• Sii deciso ma rispettoso: puoi mostrarti deciso nella tua comunicazione pur rimanendo rispettoso nei confronti degli altri. Evita quindi ogni forma di aggressività.

• Sii specifico: sii preciso nelle tue comunicazioni ed evita generalità, spiega dettagliatamente cosa ti infastidisce, preoccupa o addirittura sciocca. In breve, metti le cose in chiaro! • Utilizza il "Io" invece del "tu": privilegia le dichiarazioni in prima persona per esprimere i tuoi sentimenti e i tuoi bisogni. Ad esempio, di' "Mi sento a disagio quando..." invece di "Tu mi metti a disagio quando..."

• Resta aperto al dialogo: mantieni la mente aperta e sii pronto a discutere dei problemi in modo costruttivo. Non chiuderti in una posizione troppo rigida, anche se devi ricondurre con fermezza l'altra persona.

Praticando queste strategie, sarai meglio attrezzato per reagire alla mancanza di rispetto e alle provocazioni.

Ricorda che una buona comunicazione, controllata ed efficace, trova sempre il suo equilibrio tra l'affermazione di sé e il rispetto degli altri.

Ciò ti consentirà di far valere i tuoi diritti mantenendo allo stesso tempo relazioni rispettose.

b. Gestire i conflitti con tatto e diplomazia

Quando ti trovi di fronte a un conflitto o a un atteggiamento che ti infastidisce, il miglior approccio per tutti è gestirlo con tatto e diplomazia.

Infatti, un approccio astuto e diplomatico manterrà relazioni rispettose risolvendo le divergenze, evitando di compromettere la tua integrità fisica o morale.

Per gestire i conflitti con tatto, scegli innanzitutto il luogo giusto: trova un luogo appropriato per discutere del conflitto, evita, ad esempio, di farlo in pubblico o in situazioni tese.

È importante che tu presenti una postura aperta, un contatto visivo adeguato e un linguaggio corporeo rilassato, mostrando così la tua apertura al dialogo.

Scegli parole e tono rispettosi per esprimere le tue opinioni e i tuoi bisogni, evitando parole offensive o lesive.

E cerca di non incolpare l'altra persona per la situazione. Invece, focalizzati sulle azioni e i comportamenti specifici che hanno portato al conflitto. Quando è il turno dell'altra persona di esprimersi, ascolta attentamente senza interrompere, dimostrando così rispetto per il suo punto di vista.

Durante l'intera discussione, cerca di mantenere la calma e la compostezza, evitando reazioni emotive o aggressive.

Puoi cercare di individuare i punti in comune tra te e l'altra persona, poiché ciò può contribuire a stabilire una base solida per la risoluzione del conflitto.

Con l'obiettivo finale di cercare soluzioni di compromesso che soddisfino entrambe le parti, la negoziazione spesso si presenta come inevitabile per risolvere un conflitto in modo diplomatico.

La risoluzione dei conflitti può richiedere del tempo, quindi sii paziente e perseverante nel tuo approccio, al fine di giungere a una soluzione mutuamente soddisfacente.

La gestione diplomatica dei conflitti favorisce relazioni armoniose e rispetto reciproco. Utilizzando queste strategie, sarai meglio attrezzato per affrontare i conflitti con tatto, abilità ed influenza, mantenendo nel contempo relazioni rispettose.

c. Costruire relazioni rispettose

Meglio prevenire che curare. Conoscerai certamente questo proverbio popolare. Ebbene, si applica perfettamente al mancanza di rispetto.

Infatti, il modo migliore per affrontare la mancanza di rispetto è evitarla fin dall'inizio! Come? Semplicemente stabilendo e costruendo interazioni e relazioni in cui il rispetto regna sovrano. Questo dovrebbe sempre essere il trait d'union tra uno e l'altro.

Naturalmente, non sarai mai del tutto al sicuro, nessuno lo è veramente, da provocazioni o comportamenti scorretti perpetrati da uno sconosciuto con cui interagisci nella tua vita quotidiana, come ad esempio un cassiere sgarbato quando fai la spesa.

Tuttavia, applicando diverse tecniche per costruire relazioni rispettose, ridurrai notevolmente il rischio di essere mancato di rispetto.

Enumeriamo queste tecniche che hanno dimostrato la loro efficacia:

• Comunica in modo autentico: favorisci una comunicazione aperta e onesta nelle tue relazioni e incoraggia gli altri a esprimere i loro sentimenti e bisogni.

• Ascolta attivamente: sii un ascoltatore attivo quando qualcuno ti parla, fai domande per chiarire e mostra empatia.

• Esprimi i tuoi bisogni: esponi i tuoi bisogni in modo chiaro e rispettoso, poiché ciò aiuta gli altri a capire ciò che è importante per te.

• Adotta il rispetto reciproco: metti l'accento sul rispetto reciproco in tutte le tue interazioni. Tratta gli altri con lo stesso rispetto che ti aspetti in cambio.

• Evita la critica distruttiva: non criticare o biasimare gli altri in modo distruttivo. Invece, fornisci commenti costruttivi e concentrati sui comportamenti specifici.

• Riconosci i successi: esprimi apprezzamento quando qualcuno compie qualcosa di positivo.

• Cerca soluzioni insieme: quando sorgono conflitti, lavora insieme per trovare soluzioni mutuamente soddisfacenti. La collaborazione solidifica le relazioni.

• Chiedi scusa: chiedi scusa quando hai torto. Ciò dimostra la tua responsabilità e il tuo rispetto verso gli altri.

• Stabilisci limiti: definisci limiti chiari per stabilire ciò che accetti e non tolleri, al fine di ottenere relazioni e interazioni sane.

• Mostra empatia: cerca di capire le emozioni e le prospettive degli altri. L'empatia rafforza la comprensione reciproca.

• Sii affidabile: mantieni sempre i tuoi impegni e diventa una persona affidabile. La fiducia è fondamentale per sviluppare relazioni rispettose.

• Mantieni un'attitudine positiva: un'attitudine positiva contribuisce a interazioni rispettose. Evita quindi la negatività eccessiva.

• Rispetta le differenze: sii consapevole che ognuno è diverso, comprendi e rispetta le diversità durante le tue interazioni.

• Impara dai conflitti passati: utilizza i conflitti passati come opportunità di apprendimento per migliorare la tua comunicazione, i tuoi futuri scambi e le tue relazioni.

Mettere in pratica questi consigli nella vita di tutti i giorni richiede una buona dose di intelligenza, pazienza e comprensione, oltre a sforzi continui.

Ma, applicandoli saggiamente, la maggior parte delle volte eviterai comportamenti sgradevoli e, con relazioni continue, rafforzerai i legami preservando nel contempo il rispetto reciproco.

3. Ripristinare l'equilibrio e il rispetto nelle interazioni

a. Tecniche per ripristinare la fiducia

Se, per caso, la fiducia in una relazione che vi sta a cuore è stata compromessa a causa di una mancanza di rispetto o di un comportamento che non vi si addice, potete cercare di lavorare per ripristinarla.

La comunicazione aperta e onesta sarà nuovamente una delle chiavi in questo contesto. Esprimete chiaramente le vostre preoccupazioni e i vostri sentimenti in modo chiaro e rispettoso, al fine di instaurare la fiducia fin dall'inizio dello scambio.

La trasparenza aumenta la fiducia, quindi siate autentici e integri nelle vostre azioni e intenzioni.

Se avete avuto un ruolo nella rottura della fiducia, riconoscete i vostri errori e presentate scuse sincere. L'umiltà è importante per ripristinare la fiducia.

È anche importante sforzarvi di essere coerenti nelle vostre azioni e nelle vostre parole, poiché la coerenza dimostra che siete affidabili.

Essendo il rispetto reciproco essenziale per la ricostruzione della fiducia, durante i vostri scambi trattate sempre l'altra persona con rispetto.

Ciò significa ascoltare attivamente le sue preoccupazioni e cercare di comprendere i suoi sentimenti.

Normalmente, riuscirete così a instaurare una forma di collaborazione, con l'obiettivo ideale di lavorare insieme per trovare soluzioni ai problemi che hanno portato alla rottura della fiducia.

In ogni caso, se desiderate davvero che la relazione torni su basi solide, siate pazienti e perseveranti: il ripristino della fiducia è un processo lungo.

Se il ripristino della fiducia si rivela troppo difficile, considerate la possibilità di consultare un mediatore o un consulente per aiutarvi a risolvere i problemi.

Utilizzando queste tecniche, potete ripristinare la fiducia nelle vostre interazioni, anche dopo episodi di mancanza di rispetto o provocazioni.

In futuro, cercate di non accettare gli stessi comportamenti dannosi. A tal fine, sarà opportuno utilizzare gli errori del passato come opportunità di apprendimento e definire limiti chiari per evitare che comportamenti irrispettosi si ripetano.

b. Mostrare empatia e comprensione

Per completare quanto abbiamo appena spiegato, vediamo ora come l'empatia e la comprensione possano giocare un ruolo nella ricostruzione di relazioni deteriorate.

Mostrando empatia e cercando di capire l'altra persona, rafforzerete la fiducia nella relazione.

L'empatia consiste in gran parte nel mettersi nei panni dell'altro, al fine di vedere la situazione dal suo punto di vista e comprendere meglio le sue motivazioni e i suoi bisogni. Non è sempre facile, ma è sempre gratificante per le vostre relazioni se ci riuscite.

L'empatia si basa anche sul riconoscimento delle emozioni dell'altra persona. Pertanto, cercate di capire le sue emozioni e di convalidare i suoi sentimenti, anche se non li condividete necessariamente.

Potete farlo dicendo, ad esempio, qualcosa come

"Posso vedere che questo ti ha ferito" o "Capisco perché sei contrariato".

Evitate accuratamente di reagire in modo difensivo o di minimizzare i sentimenti dell'altra persona. Invece, accettate le sue emozioni come legittime.

Esprimete liberamente le vostre stesse emozioni e vulnerabilità, poiché questo incoraggerà normalmente l'altra persona a fare altrettanto, accentuando così la comprensione reciproca.

Infine, sarà utile utilizzare parole di incoraggiamento per mostrare che siete a favore dell'altra persona nel suo percorso verso il perdono e la riparazione della relazione.

Mostrare empatia e comprensione è un elemento fondamentale per ripristinare l'equilibrio nelle interazioni.

Le competenze sopra menzionate rafforzano naturalmente la fiducia e creano un terreno fertile per la riparazione delle relazioni, anche dopo periodi difficili.

c. Riparare le relazioni fortemente danneggiate

Quando una relazione è stata gravemente compromessa a causa di mancanza di rispetto o provocazioni, a volte sarà necessario adottare misure specifiche per ripararla.

Ecco i passaggi da seguire:

• Riflessione personale: inizia riflettendo sulla relazione e su ciò che ha portato ai problemi. Identifica il tuo contributo ai conflitti.

• Riconoscimento degli errori: se hai commesso errori, riconoscili e presenti scuse sincere. Mostra di essere disposto a prendere la responsabilità delle tue azioni.

• Lasciarsi alle spalle il passato: una volta identificati i problemi, evita di rimuginare sul passato e concentrati piuttosto sul futuro e su come costruire una relazione più sana.

• Definizione di obiettivi comuni: identifica obiettivi e valori comuni per la relazione. Ciò servirà come base solida per la riparazione.

• Impegno per il cambiamento: dimostra un impegno per il cambiamento prendendo misure concrete per migliorare la relazione.

• Risoluzione dei problemi uno alla volta: affronta i problemi uno alla volta anziché affrontarli tutti contemporaneamente. Ciò rende il processo più gestibile.

• Definizione di obiettivi intermedi: stabilisci obiettivi intermedi e specifici per misurare i progress i nella riparazione della relazione.

• Pazienza e perseveranza: la riparazione delle relazioni danneggiate richiede molto tempo. Sii paziente e perseverante nei tuoi sforzi.

La riparazione delle relazioni danneggiate richiede impegno, comprensione e comunicazione aperta.

Seguendo questi passaggi, sarà possibile ripristinare una relazione sana, rispettosa e armoniosa, anche dopo episodi intensi di mancanza di rispetto o provocazioni.

Tuttavia, questo processo ha i suoi limiti, non è rinnovabile all'infinito, e non tutte le relazioni sono riparabili, specialmente se una delle parti è andata veramente troppo oltre nell'irrispetto.

Parte VI

Gestire le interazioni scorrette e le conversazioni difficili

1. Affrontare quando ti interrompono

a. Gli impatti di essere interrotti

Capita a tutti di essere interrotti, il che, diciamocelo, non è mai piacevole. È un'esperienza alquanto sconcertante, meno banale di quanto sembri, e ciò che sembra essere una semplice scortesia ha in realtà impatti significativi sulla persona che ne è vittima.

Così, gli effetti sentiti quando si viene interrotti sono vari e profondi, a cominciare dalla frustrazione e dall'irritazione: essere frenati nella propria espressione crea un senso di negazione della propria voce e delle proprie opinioni, il che è ovviamente fonte di fastidio.

Subire interruzioni porta anche stress e tensione, poiché richiede di lottare costantemente per farsi ascoltare.

Inoltre, le interruzioni nella comunicazione generano una scarsa comprensione delle idee e delle opinioni della persona interrotta, compromettendo notevolmente la qualità della comunicazione.

Di conseguenza, la fiducia nella propria capacità di comunicare efficacemente diminuisce notevolmente, impedendo di esprimersi liberamente in futuro.

In definitiva, ciò comporta una vera e propria inibizione dell'espressione. Le persone che vengono frequentemente interrotte diventano naturalmente più restie a partecipare a discussioni, esitano a condividere i propri pensieri per paura di essere nuovamente interrotte.

Di conseguenza, perdono opportunità di contribuire a discussioni importanti o di condividere idee preziose.

Possono anche emergere conflitti relazionali, poiché la persona che interrompe viene percepita, giustamente, come maleducata e poco rispettosa. Alla fine, tutti questi fenomeni danneggiano notevolmente le relazioni sociali.

E, soprattutto, non è raro che le frequenti interruzioni di parlato causino nelle persone vittime di esse, per effetto domino, una caduta dell'autostima, poiché iniziano a dubitare della propria capacità di esprimersi, del valore delle proprie idee e, di riflesso, del proprio valore come essere umano, persino della propria intera personalità.

È quindi indispensabile riconoscere gli impatti negativi dell'interruzione del parlato e adottare misure per affrontarli.

Nel capitolo successivo, esploreremo strategie efficaci

per reagire in modo efficace quando si viene interrotti, al fine di preservare la propria voce nelle interazioni.

b. Tecniche per riaffermare la tua voce nelle conversazioni

Quando ti trovi ad affrontare frequenti interruzioni durante una conversazione, non devi restare passivo e subire, ma devi piuttosto riaffermare la tua voce e continuare a comunicare in modo efficace.

Per farlo, se noti che qualcuno sta iniziando a interromperti, utilizza segnali non verbali per attirare la sua attenzione, come alzare leggermente la mano. Ciò segnalerà che non hai ancora finito di parlare.

Nel caso in cui questo non funzioni, puoi esprimere verbalmente il tuo bisogno di essere ascoltato in modo educato e diplomatico, utilizzando, ad esempio, frasi come "Mi piacerebbe terminare il mio punto di vista" o "Apprezzerei se potessi finire."

Se ritieni che l'interruzione sia pertinente ma desideri comunque concludere la tua idea, rimprovera l'interlocutore dicendo qualcosa del tipo: "Ritornerò al tuo punto, ma lasciami prima terminare quello che stavo dicendo."

Puoi anche sopportare e aspettare che la persona abbia finito di parlare, quindi riprendi tranquillamente da dove eri rimasto, iniziando con: "Come stavo dicendo..."

Per evitare interventi inopportuni e poco educati, un'altra buona strategia sarà semplicemente prevedere le interruzioni prima che si verifichino (il famoso "prevenire è meglio che curare!").

Pertanto, per lasciare spazio alle parole degli altri senza che si sentano costretti a interromperti, puoi introdurre deliberatamente brevi pause nel tuo discorso: ciò darà loro l'opportunità di rispondere o porre domande senza interromperti, mostrando al contempo che sei aperto alla conversazione.

In alcuni contesti, sarà utile stabilire regole chiare di conversazione, come l'impegno a non interrompere quando una persona parla.

Prova anche a identificare schemi, ovvero le persone o le situazioni in cui le interruzioni sono più frequenti. Ciò ti aiuterà a essere meglio preparato per reagire.

Infine, se noti che le interruzioni sono un problema ricorrente quando ti trovi in gruppo, considera l'opzione di avere conversazioni importanti uno a uno, in modo che la tua voce sia sicura di essere ascoltata.

Tutti questi consigli ti permetteranno di preservare la tua capacità di condividere le tue idee in modo equilibrato e costruttivo.

In ogni caso, non rinunciare a far sentire la tua voce, anche se sei spesso interrotto. La perseveranza è essenziale per garantire una comunicazione efficace e per provocare un cambiamento di comportamento negli altri.

Riaffermare la tua voce nelle conversazioni è una competenza preziosa per mantenere una comunicazione rispettosa ed efficace, anche quando affronti interruzioni inopportune.

c. Favorire scambi costruttivi

Quando ti trovi in situazioni in cui la tua voce viene regolarmente interrotta, è essenziale ripristinare una comunicazione gentile e costruttiva. In questo modo, manterrai relazioni sane e produttive.

Per farlo, fai l'esempio di una comunicazione rispettosa, anche se sei stato vittima di interruzioni: assicurati di non ripetere questo comportamento interrompendo gli altri.

Presta, al contrario, totale attenzione alla persona che

sta parlando, mostra interesse per le sue idee e fai domande per approfondire la comprensione. Essere un ascoltatore attento incoraggerà gli altri a fare altrettanto.

Per favorire una comunicazione costruttiva, promuovi un ambiente in cui ognuno si senta libero di esprimersi senza paura di interruzioni continue.

In questo contesto comunicativo, lo scambio di idee deve essere fermamente incoraggiato. Più le idee sono condivise, più la diversità delle prospettive risulta arricchente.

Utilizza affermazioni positive come "Sono d'accordo con il tuo punto di vista" o "Apprezzo la tua prospettiva" per mostrare rispetto per le opinioni degli altri.

Quando ti interrompono, evita di presumere le motivazioni della persona che lo ha fatto. Chiedi piuttosto chiarimenti per capire il suo punto di vista.

Rimani concentrato sull'argomento principale e evita deviazioni, poiché più la conversazione rimarrà centrata sull'argomento, meno ci sarà il rischio di interruzioni inutili.

Tuttavia, se le interruzioni persistono, valuta la

possibilità di avere un mediatore neutro per facilitare le discussioni e garantire che ognuno abbia l'opportunità di esprimersi.

Favorire scambi costruttivi può richiedere del tempo, specialmente se ti trovi di fronte a abitudini di comunicazione negative. Quindi, sii paziente e perseverante nel tuo approccio.

Praticando l'ascolto attivo, evitando interruzioni a tua volta e creando un ambiente di comunicazione rispettoso, contribuirai naturalmente a conversazioni più arricchenti e manterrai relazioni positive e produttive.

2. Rispondere a qualsiasi insulto

a. Gestire gli insulti in modo costruttivo

Gli insulti sono sempre feroci e sconcertanti; nessuno gradisce essere chiamato con epiteti sprezzanti, ma è possibile gestirli in modo costruttivo.

In molti casi, la reazione istintiva a caldo potrebbe essere quella di rispondere ad un insulto con un altro insulto, o addirittura di reagire con violenza fisica.

Questo sarebbe però un grave errore, perché lasciarsi prendere dalla rabbia e reagire in modo emotivo non farà che peggiorare la situazione e condurrà spesso a un ciclo di conflitti inutili. Quindi, come ogni volta che sei vittima di mancanza di rispetto, mantieni la calma.

Invece di arrabbiarti inutilmente e abbassarti al livello dell'aggressore, è meglio prendere le distanze. Rifletti sulla situazione, chiediti se l'offesa merita davvero di essere presa in considerazione o se può essere ignorata.

Nel primo caso, anziché reagire in modo aggressivo, poni domande per capire la ragione dell'insulto, poiché a volte può derivare da un semplice malinteso.

In altri casi, la migliore reazione sarà semplicemente ignorare l'offesa. Ciò dimostrerà che non ti tocca affatto e che non sei influenzato dal comportamento dell'altro. Questa strada è spesso quella della saggezza!

Tuttavia, quando ritieni che l'insulto sia inaccettabile, esprimi i tuoi limiti in modo chiaro ma rispettoso, dicendo alla persona maleducata che non accetti quel tipo di linguaggio.

L'umorismo può anche essere un buon modo per smorzare una situazione tesa, ma usalo con cautela per non minimizzare l'insulto.

In ultima analisi, a volte sarà benefico perdonare la persona che ti ha offeso, anche se non si scusa, poiché il perdono ti libererà consentendoti di liberare il tuo risentimento.

Nonostante tutto, se un insulto ti ha profondamente colpito, al punto che non riesci a dimenticarlo e ti senti davvero male, parlane con amici, familiari o un professionista. Questo sostegno ti aiuterà a gestire le tue emozioni e ad elaborare l'offesa, in modo che non ti consumi.

E se ti trovi di fronte a insulti ripetuti da parte di una persona, valuta di limitare o evitare completamente quella relazione tossica, come dovresti fare in presenza di qualsiasi altra mancanza di rispetto ricorrente.

Gestire gli insulti in modo costruttivo richiede maturità emotiva e autocontrollo, ma è interamente nelle tue mani non solo affrontare la situazione con dignità, ma anche mantenere la tua autostima e integrità nelle interazioni difficili.

b. Strategie per mantenere la calma e la dignità

Come abbiamo appena visto, quando ti trovi di fronte a insulti, è fondamentale mantenere la calma e la dignità.

A tal fine, inizia con alcune respirazioni profonde per calmarti. La respirazione profonda riduce significativamente lo stress e ti aiuterà a mantenere la calma.

Immagina poi te stesso rimanere sereno e rilassato nonostante l'insulto. Questa tecnica di visualizzazione rafforzerà la tua resilienza emotiva.

La meditazione regolare può aiutarti a sviluppare la pazienza e il autocontrollo, competenze essenziali per affrontare gli insulti senza perdere la tua dignità.

A volte, gli insulti derivano dalla frustrazione o dalla rabbia, e in questo caso, l'empatia può ammorbidire la situazione. Cerca sempre di capire le ragioni e le emozioni della persona che ti ha attaccato.

Tuttavia, ricorda che gli insulti riflettono generalmente i problemi della persona che li pronuncia. Pertanto, non li prendere come un attacco personale.

Non cadere neanche nella trappola della

confrontazione inutile, il che significa che non devi alimentare il conflitto con vendette o sfide quando capisci che non porta da nessuna parte.

Se ritieni che la situazione diventi davvero troppo tesa, prenditi una pausa per calmarti. Sarà meglio che torni alla discussione in un secondo momento.

Se gli insulti persistono, stabilisci chiari limiti spiegando che non accetti questo comportamento e che lascerai definitivamente la conversazione se continuerà. Ad esempio, puoi dire: "Preferirei che potessimo discutere in modo rispettoso."

Infine, per migliorarti, rifletti su tutte le volte in cui hai gestito bene gli insulti in passato. Ciò rafforzerà la tua fiducia nella tua capacità di mantenere la calma e l'onore.

Rimandare impassibili e dignitosi di fronte a qualsiasi insulto è una sfida che puoi affrontare facilmente applicando questi consigli.

Questi ti aiuteranno a gestire tutte le situazioni offensive con grazia e rispetto verso te stesso, con l'obiettivo di mantenere interazioni costruttive e non permettere agli insulti di influenzarti negativamente.

c. Promuovere interazioni rispettose

Quando ti trovi di fronte a un insulto, sarà importante non solo reagire, ma anche promuovere interazioni rispettose.

Per riuscirci, inizia mostrando l'esempio essendo rispettoso tu stesso: il tuo comportamento ispirerà sicuramente gli altri ad agire in modo simile.

Invece di semplicemente stigmatizzare l'insulto, proponi alternative mostrando come la comunicazione possa essere più positiva con l'uso di parole e frasi cortesi e gentili.

Piuttosto che lasciare che l'insulto crei un divario, incoraggia la risoluzione dei conflitti. Invita ad esempio la persona a sedersi e a discutere in modo costruttivo per comprendere le divergenze.

Poiché l'insulto può derivare da una mancanza di comprensione o ignoranza, cerca di prenderti il tempo per educare la persona, fornendole informazioni per sensibilizzarla sulla diversità e sull'inclusione.

In ogni caso, assicurati che i canali di comunicazione rimangano aperti per consentire a ciascuno di esprimersi e risolvere le controversie in modo decente. Se, nonostante tutto, la situazione non può essere risolta faccia a faccia, coinvolgi una terza parte neutrale, come un mediatore o un consulente, per facilitare una conversazione rispettosa.

Infine, puoi contribuire al benessere collettivo partecipando a iniziative e azioni che combattono i discorsi di odio e promuovono il rispetto e la tolleranza.

Ad esempio, puoi utilizzare Internet e i social media per sensibilizzare sull'importanza della comunicazione rispettosa, condividendo messaggi positivi ed educativi.

Educando, offrendo alternative e promuovendo la risoluzione dei conflitti, contribuirai a un ambiente di comunicazione rispettoso e inclusivo. Tutti ne trarranno beneficio!

3. Rispondere alle provocazioni

a. Identificare le provocazioni e gli insidie

Innanzitutto, definiamo cosa sia una provocazione: in breve, può essere descritta come un comportamento, delle parole o delle azioni deliberate, progettate per suscitare una reazione specifica, emotiva, fisica o verbale, in qualcun altro.

Spesso, la provocazione è utilizzata per scatenare una risposta violenta, emozioni intense o creare un conflitto intenzionale, il tutto con l'obiettivo di testare i limiti della persona che la subisce.

Si può essere provocati in vari contesti, che siano relazioni personali, sociali, professionali o anche situazioni più formali nella vita di tutti i giorni.

A seconda del contesto, della sua intensità e di come viene percepita dalla persona interessata, una provocazione può essere vissuta come una vera aggressione.

Esistono diversi tipi di provocazioni, che vanno da quelle leggere e umoristiche a quelle molto più serie, offensive o addirittura pericolose. La maggior parte delle volte, tuttavia, nascondono un evidente mancanza di rispetto.

Di persona, i provocatori possono utilizzare sguardi sprezzanti, gesti fuori luogo o parole offensive, come commenti infiammatori progettati per suscitare una reazione emotiva.

Online, su Internet, le provocazioni si manifestano

sotto forma di commenti offensivi o trolling.

Molte volte, una persona che cerca di provocarti userà attacchi personali: mireranno a destabilizzarti prendendo di mira aspetti della tua persona o della tua personalità.

I provocatori possono anche cercare di giocare sulle tue emozioni utilizzando storie tristi o scioccanti, o persino fare affermazioni palesemente false per infastidirti e cercare di intrappolarti con argomenti basati su errori logici.

Infine, i provocatori tendono a utilizzare generalizzazioni eccessive per fare dichiarazioni sconsiderate e sfacciate.

Tutte queste forme di provocazione costituiscono una trappola per diverse ragioni. Innanzitutto, cadendo nella trappola della provocazione, si può perdere il controllo delle proprie emozioni, reagire in modo impulsivo e sconsiderato, e poi pentirsene in seguito.

Inoltre, la provocazione può essere utilizzata come una strategia per manipolare le persone: incitando qualcuno a reagire in modo eccessivo, il provocatore potrà successivamente presentarsi come una vittima e accusare l'altra persona di essere aggressiva, creando così una situazione in cui la persona provocata è percepita come colpevole.

In ogni caso, rispondere a una provocazione, soprattutto in modo inappropriato, dà potere alla persona che provoca, perché reagendo si attribuisce importanza alla provocazione e si concede all'altra persona il controllo sulle nostre emozioni e azioni.

Come abbiamo sottolineato, i provocatori cercano spesso di destabilizzarti emotivamente, quindi cerca di essere consapevole delle tue emozioni e reazioni, per evitare di cadere nelle trappole che ti tendono.

Identificando le forme di provocazione e individuando queste insidie, sarai meglio preparato per affrontarle in modo calmo e razionale.

b. Tecniche per mantenere la calma e resistere alle provocazioni

Come abbiamo appena spiegato, è essenziale non cadere nella trappola della provocazione e mantenere la propria dignità, anche di fronte a provocazioni evidenti.

Come in qualsiasi altra forma di mancanza di rispetto, devi sforzarti, anche se a volte è molto difficile, di non perdere la calma, perché in generale, più sei arrabbiato e stressato, più è facile reagire in modo violento. Quindi devi rimanere calmo e resistere a tutti i costi all'impulso di rispondere in modo aggressivo.

Per farlo, presti attenzione alle tue emozioni e ai loro trigger. Se senti gli effetti della provocazione crescere e l'ira invaderti, prenditi un momento per distanziarti, analizzarla, comprenderla e spegnerla.

La respirazione profonda è anche un metodo semplice ed efficace per calmare il tuo sistema nervoso e rilassarti: inspira lentamente dal naso, trattieni il respiro, quindi espira lentamente dalla bocca.

Nella maggior parte dei casi, la migliore risposta alla provocazione sarà ignorarla. Se la persona cerca semplicemente di provocarti, non reagire è infatti la migliore tattica, perché priva la persona provocatrice della reazione che cerca. Ciò richiede pazienza e autocontrollo, ma ti eviterà di cadere nella trappola tesa.

Prima di reagire, prenditi un momento per riflettere sulla situazione e cerca di capire le motivazioni della persona che ti sta provocando. Alcuni cercano semplicemente l'attenzione, mentre altri nascondono intenzioni più sinistre. Chiediti se vale la pena rispondere alla provocazione o se puoi semplicemente ignorarla.

Per cercare di capire la prospettiva della persona che ti sta provocando, l'empatia è uno strumento prezioso. Mettiti nei panni dell'altro e cerca di capire se il suo atteggiamento deriva dalla sua frustrazione o dalle sue preoccupazioni.

Se la provocazione si verifica online o in un contesto in cui hai il tempo di riflettere, prenditi il tempo necessario per scrivere una risposta ponderata anziché reagire immediatamente.

In ogni caso, resta saldo, ma sempre rispettoso. Puoi esprimere il tuo disaccordo o stabilire i tuoi limiti senza utilizzare un linguaggio offensivo.

Puoi anche usare l'umorismo, che, dosato correttamente, saprà smorzare una situazione tesa distogliendo l'attenzione dalla provocazione.

Infine, se la provocazione avviene in un contesto professionale o sociale, puoi ricorrere a un mediatore o, se la situazione lo richiede, alle forze dell'ordine, per facilitare la comunicazione e la risoluzione del conflitto.

E per quanto riguarda le provocazioni online, puoi bloccare la persona o segnalarla ai moderatori se necessario.

Mantenere la calma e resistere alle provocazioni richiede pratica e autocontrollo, ma assimilando queste tecniche sarai in grado di gestire le interazioni difficili in modo costruttivo preservando la tua dignità e il tuo equilibrio emotivo.

Parallelamente, pensa a lavorare sulla tua fiducia in te stesso e sulla tua autostima per sentirti più forte, poiché ciò ti renderà meno vulnerabile alle provocazioni.

c. Preservare l'armonia nelle relazioni tese

Quando ti trovi di fronte a una provocazione, è importante saperla identificare e reagire correttamente, in modo appropriato.

Tuttavia, spesso è altrettanto importante cercare di preservare l'armonia nella relazione, se ritieni che ne valga la pena, anche quando la situazione è delicata.

Se la relazione è importante per te, innanzitutto, mantieniti aperto alla comunicazione, mostrando che sei disposto ad ascoltare e a discutere, anche se la provocazione è rivolta a te. Questo risolverà molti conflitti.

Anche se sei provocato, evita attacchi personali verso

l'altro. Resta concentrato sui fatti e sui problemi, non sulle persone.

Quando rispondi all'attacco, scegli parole e un tono di voce rassicuranti che contribuiranno notevolmente a smorzare la situazione.

Evita anche di utilizzare generalizzazioni che potrebbero aggravare la situazione. Ad esempio, anziché dire "Sei sempre così", puoi dire "Mi sento frustrato da questa situazione specifica".

Devi anche assumerti le tue responsabilità e non esitare a scusarti nel caso in cui ritieni di aver fatto qualcosa che ha scatenato l'atteggiamento provocatorio e contribuito alla situazione tesa.

Per calmare le tensioni, puoi eventualmente cercare punti in comune con l'altro, su cui potrete trovare un accordo.

Ma se la provocazione continua e diventa troppo intensa, o se senti di perdere completamente il controllo delle tue emozioni, prenditi una pausa per evitare un'escalation inutile: tornerai alla conversazione quando tutti saranno più calmi.

Seguendo questi consigli e dimostrando pazienza, autocontrollo e comprensione, potrai contribuire a mantenere relazioni sane anche nei momenti difficili.

Alla fine, potresti persino riuscire a trasformare una situazione tesa in un'opportunità di crescita e sviluppo per la relazione.

In effetti, cerca sempre di proporre soluzioni o compromessi per risolvere il problema alla base della provocazione.

Parte VII

Esempi concreti
e studi di casi

1. Studi di casi di scenari di vita reale

a. Esempio 1: conflitto sul lavoro

Immaginate la seguente situazione: lavorate in un ufficio da diversi anni, e il vostro rapporto con uno dei vostri colleghi, Patrick, si è progressivamente deteriorato. Avete notato che è spesso critico nei vostri confronti e delle vostre idee, mostrandosi dispregiativo. Inoltre, vi interrompe frequentemente quando state parlando e moltiplica i sarcasmi nei vostri confronti. In breve, il suo atteggiamento verso di voi denota un evidente mancanza di rispetto da parte sua, e ciò colpisce, giustamente, il vostro morale e il benessere sul lavoro.

Contesto: entrambi siete membri del team di marketing della vostra azienda, e dovete collaborare regolarmente su progetti. Il conflitto tra voi due ha raggiunto un punto in cui questa situazione deleteria sta compromettendo seriamente l'efficacia del vostro lavoro e l'atmosfera nel team.

Sfide: sentite la necessità di porre fine a questo comportamento pur mantenendo un'atmosfera lavorativa produttiva. Tuttavia, vi trovate di fronte a un collega difficile che non sembra incline a collaborare in modo rispettoso. Passaggi suggeriti per risolvere questo conflitto:

• Prendere le distanze: prima di agire, prendete le distanze per analizzare oggettivamente la situazione e cercare di comprendere le potenziali cause del comportamento di Patrick.

• Avviare una conversazione: pianificate un colloquio privato con Patrick per discutere della situazione e di ciò che vi preoccupa. Utilizzate parole rispettose ed esprimete i vostri sentimenti e le vostre preoccupazioni riguardo al suo comportamento.

• Ascoltare attivamente: durante la conversazione, ascoltate attentamente ciò che Patrick ha da dire. Potrebbe avere ragioni valide, dal suo punto di vista, che giustificano il suo modo di comportarsi con voi e che desidera esprimere.

• Evitare i rimproveri: evitate di biasimare Patrick o fare rimproveri. Invece, concentratevi su fatti concreti e specifici che non vi piacciono e che desiderate cambiare.

• Proporre soluzioni: insieme a lui, esplorate soluzioni per migliorare il vostro rapporto lavorativo. Ad esempio, una comunicazione più chiara e regole di rispetto reciproco potrebbero essere d'aiuto.

• Stabilire limiti: se notate che Patrick non sembra incline a modificare il suo comportamento dannoso nonostante i vostri sforzi, stabilite limiti molto chiari su come volete essere trattati sul lavoro.

• Ricorrere a un terzo neutrale: in ultima istanza, se l'ostilità persiste, valutate la possibilità di rivolgervi a un responsabile delle risorse umane o a un mediatore per facilitare la risoluzione del conflitto.

Risultato atteso: l'obiettivo del percorso proposto è risolvere la controversia con Patrick in modo rispettoso, ripristinare un rapporto di lavoro sano e garantire un'atmosfera lavorativa più produttiva e positiva.

Questo esempio illustra come affrontare un conflitto sul lavoro utilizzando competenze di comunicazione assertiva e cercando soluzioni costruttive per preservare un rapporto professionale armonioso.

b. Esempio 2: Confronto con una persona cara

Immagina la seguente situazione: hai un'amica stretta, Marie, con cui sei in disaccordo da un po' di tempo. Questo disaccordo riguarda un argomento delicato, ossia le scelte di vita di Marie. Hai espresso le tue preoccupazioni più volte, ma sembra che Marie non sia pronta a considerare le tue paure riguardo a lei. La relazione tra voi è diventata tesa, e desideri trovare un modo per comunicare in modo più efficace.

Contesto: Marie è un'amica di lunga data, e naturalmente ti preoccupi profondamente per il suo benessere. Pertanto, sei preoccupato per alcune delle sue decisioni e desideri affrontare questo argomento in modo rispettoso.

Sfide: ti trovi di fronte a un disaccordo con un'amica stretta, e ciò ha creato tensioni nella vostra relazione. Devi trovare un modo per esprimere le tue preoccupazioni preservando al contempo la vostra amicizia.

Passi consigliati per risolvere questo conflitto:

• Riflettere sulle tue preoccupazioni: prima di parlare con Marie, prenditi del tempo per riflettere sulle tue preoccupazioni e su come queste influenzano la vostra relazione.

• Pianificare la conversazione: scegli un momento e un luogo appropriati in cui poter parlare privatamente. Preparati mentalmente per la conversazione.

• Comunicare con tatto: quando affronti l'argomento, utilizza parole rispettose ed evita le accuse. Esprimiti

sulle tue preoccupazioni usando frasi come "Mi preoccupo per te" invece di "Hai torto".
• Ascoltare attivamente: lascia che Marie si esprima e ascolta attentamente il suo punto di vista e i suoi sentimenti. Mostrati aperto alla discussione.

• Trovare punti di accordo: cerca punti di accordo, anche se non condividete la stessa opinione. Questo contribuirà a rafforzare la vostra relazione.

• Proporre soluzioni: anziché limitarti a criticare, proponi soluzioni costruttive che aiuteranno Marie a superare le sfide che sta affrontando.

• Rispettare le scelte di vita: accetta che Marie ha il diritto di prendere le sue decisioni, anche se non sei d'accordo. Il rispetto della sua autonomia è essenziale.
• Evitare di forzare il cambiamento: comprendi che a Marie potrebbe servire del tempo per riflettere su ciò che le dici. Non farle pressioni per prendere decisioni immediate; lascia che la vostra conversazione si sedimenti in lei.

• Preservare l'amicizia: ricorda che la vostra amicizia è preziosa. Assicurati di non comprometterla a causa di un disaccordo.

Risultato atteso: l'obiettivo di questo approccio è ripristinare una comunicazione efficace con Marie, farla riflettere sulle sue scelte di vita e, naturalmente, preservare o rafforzare la vostra amicizia.

Questo esempio evidenzia come affrontare un disaccordo con un'amica stretta utilizzando competenze di comunicazione e rispetto reciproco, al fine di preservare una relazione preziosa.

c. Esempio 3: Gestione di una provocazione

Immagina la seguente situazione: stai partecipando a una riunione professionale importante e stai presentando un'idea che suscita reazioni appassionate. Un tuo collega, Max, esprime il suo disaccordo in modo aggressivo e lancia commenti provocatori. Ti senti attaccato e fai fatica a mantenere la situazione sotto controllo.

Contesto: lavori in un'azienda in cui le riunioni sono cruciali per la collaborazione e la presa di decisioni. Max è un collega competente, ma ha la tendenza a adottare un comportamento provocatorio durante le discussioni animate.

Sfide: devi gestire la situazione in modo professionale evitando che il disaccordo sfoci in una conflitto inutile.

Passi consigliati per risolvere questa situazione:

• Mantenere la calma: come professionista, mantieni la calma e evita reazioni impulsive alla provocazione di Max.

• Convalidare le emozioni: esprimi la tua comprensione verso le emozioni di Max, anche se non condividi il suo punto di vista. Ad esempio, "Capisco che tu possa non essere d'accordo."

• Riportare la conversazione al tema: riporta la discussione sull'argomento in questione. Ripeti brevemente la tua idea e spiega perché è importante.

• Utilizzare un linguaggio rispettoso: usa un linguaggio rispettoso ed evita di rispondere alle provocazioni di Max con attacchi personali.

• Chiedere il supporto del moderatore: se ritieni che la situazione stia diventando troppo difficile da gestire, non esitare a chiedere l'intervento del moderatore della riunione per mantenere l'ordine.

• Trovare punti di accordo: cerca zone di compromesso o punti di accordo con Max, anche se sono limitati.

• Evitare l'escalation: evita di rispondere alle provocazioni di Max con ulteriori provocazioni. Mantieni il tuo obiettivo in mente, che è far progredire la discussione in modo costruttivo.

• Mostrare flessibilità: rimani aperto a eventuali aggiustamenti nella tua proposta se ciò può contribuire a risolvere i disaccordi.

• Concludere la riunione in modo positivo: una volta che la discussione sta per concludersi, assicurati di concludere in modo costruttivo, ringraziando Max per la sua partecipazione e esprimendo la speranza di trovare soluzioni.

• Risultato atteso: l'obiettivo dell'approccio descritto sopra è gestire la provocazione in modo professionale, recentrare la discussione sulle soluzioni e preservare un'atmosfera lavorativa produttiva nonostante i disaccordi e le provocazioni di Max.

Questo esempio illustra come gestire una situazione di provocazione sul luogo di lavoro utilizzando competenze di comunicazione assertiva e gestione dei conflitti, al fine di mantenere una riunione produttiva e rispettosa.

2. Analisi degli esempi e delle risposte adeguate

a. Scomposizione degli scenari

Qui esamineremo più da vicino gli scenari presentati negli esempi precedenti e le risposte attuate, riassumendoli e analizzandoli brevemente.

L'obiettivo è ottenere una visione d'insieme su ciascuno di questi casi, al fine di comprendere i principi fondamentali coinvolti.

• Esempio 1: conflitto sul lavoro

In questo scenario, la confrontazione con un collega che mostra un atteggiamento dominante nei tuoi confronti richiede di saper gestire le emozioni e praticare una comunicazione riflessiva, non violenta e razionale.

Riflettendo in modo calmo sul conflitto, comunicando in modo intelligente per esporre il problema senza accusare l'altro, cercando soluzioni insieme e stabilendo limiti fermi se necessario, hai chiarito e placato la situazione, facendo in modo che non si ripeta in futuro.

• Esempio 2: confronto con una persona cara

In questo esempio, la situazione tesa tra te e la tua amica è causata da disaccordi riguardo alle scelte di vita di Marie e dalla difficoltà di farti ascoltare senza farla irrigidire: la chiave per gestire questo conflitto risiede nella pazienza, nella comunicazione rispettosa e delicata, e nella preservazione della vostra amicizia.

Hai convalidato le emozioni di Marie, riportato la conversazione su soluzioni e cercato punti d'accordo, preservando così il rapporto pur esprimendo le tue preoccupazioni.

• Esempio 3: gestione di una provocazione

La gestione di una provocazione in una riunione da parte di una persona che si mostra aggressiva, come nell'esempio 3, richiede di mantenere la calma, utilizzare una comunicazione rispettosa e flessibile, ed evitare conflitti inutili.

Mantenendo la calma, convalidando le emozioni della persona provocatrice, recentrando la conversazione ed evitando l'escalation, hai potuto mantenere un'atmosfera lavorativa costruttiva nonostante i disaccordi.

Questi tre esempi dimostrano l'importanza di

competenze come l'ascolto attivo, la convalida delle emozioni, la comunicazione rispettosa, la ricerca di soluzioni e la gestione delle emozioni per risolvere i conflitti e mantenere relazioni positive.

Riflettere e comprendere questi scenari ti aiuterà quindi a ottenere una migliore comprensione di come gestire le interazioni difficili in modo costruttivo.

b. Identificazione delle risposte efficaci

Riassumendo e analizzando gli esempi precedenti, abbiamo identificato diverse risposte efficaci nella gestione dei conflitti e delle interazioni delicate.

Queste si basano su principi di comunicazione assertiva, gestione dei conflitti e preservazione delle relazioni.

Riprendiamo ora in modo dettagliato, punto per punto, le tecniche che hanno contribuito a risolvere le situazioni tese presentate, spiegando perché si sono rivelate efficaci:

• Gestione delle emozioni: la gestione delle emozioni è cruciale per evitare che i conflitti sfocino in inutili confronti. Non arrabbiarsi, esprimere le emozioni in modo costruttivo ed evitare reazioni impulsive sono competenze chiave.

• Ascolto attivo: l'ascolto attivo è un elemento chiave nella gestione dei conflitti. Implica prestare totale attenzione alla persona con cui si interagisce, convalidare le sue emozioni e mostrare comprensione per i suoi punti di vista, anche se non li si condivide.

• Comunicazione rispettosa: utilizzare un linguaggio rispettoso, astenersi da attacchi personali e mantenere un tono calmo è fondamentale per preservare la relazione pur esprimendo preoccupazioni o disaccordi.

• Convalida delle emozioni: riconoscere le emozioni dell'altra persona è essenziale per stabilire una comunicazione rispettosa. Convalidando le emozioni, si mostra di tenere in considerazione i sentimenti dell'altro, il che di solito smorza le tensioni.

• Recentramento della conversazione: quando la conversazione si sposta su punti di disaccordo, è importante recentrarla sul tema in questione, mantenendo così la chiarezza e lavorando verso soluzioni costruttive.

• Blocco dell'escalation: evitare di rispondere alla provocazione con ulteriori provocazioni e al mancato rispetto con altro mancato rispetto è essenziale per mantenere una comunicazione rispettosa. È preferibile rimanere educati e mantenere il rispetto reciproco.

• Ricerca di punti di accordo: cercare zone di compromesso o punti di accordo contribuisce a risolvere le opposizioni. Trovare terreni comuni favorisce sempre una comunicazione costruttiva.

• Flessibilità: essere aperti a modifiche nelle proprie proposte o posizioni consente di risolvere i conflitti in modo più efficace. La flessibilità dimostra la volontà di trovare soluzioni mutuamente accettabili.

Come appena visto, queste competenze sono cruciali per affrontare le interazioni difficili e costruire relazioni rispettose e positive.

Partendo da queste risposte efficaci, è possibile sviluppare le proprie competenze nella gestione dei conflitti, nella comunicazione e nella preservazione di relazioni autentiche.

c. Lezioni da trarre dagli esempi

Gli esempi concreti e gli studi di caso presentati in questo capitolo forniscono preziose lezioni su come gestire i conflitti, preservare relazioni sane ed appaganti, e su cosa significhi avere una comunicazione padroneggiata e adeguata.

La prima lezione da apprendere è che la convalida delle emozioni favorisce notevolmente la comprensione: riconoscere le emozioni dell'altra persona dimostra che ci si preoccupa dei suoi sentimenti, contribuendo a creare un clima di fiducia e comprensione reciproca.

Questa comprensione passa attraverso l'ascolto attivo, ancora e sempre, non si potrà mai sottolineare abbastanza la sua importanza all'interno di ogni relazione, poiché si rivela semplicemente fondamentale per comprendere i punti di vista e le emozioni dell'altra persona. Infatti, ascoltare attentamente consente di creare uno spazio per una comunicazione rispettosa e di smorzare le tensioni.

È proprio la comunicazione rispettosa che permette di preservare le relazioni, poiché, utilizzando un tono calmo e un linguaggio cortese e decente, evitando gli attacchi personali, si mantengono quasi certamente relazioni positive, anche esprimendo disaccordi.

Altra lezione primordiale da ricordare è che, per mantenere una comunicazione costruttiva, è essenziale evitare la escalation. Rispondere al mancato rispetto con un altro mancato rispetto, in generale, non porta a nulla di buono, anzi, non farà che peggiorare la situazione, fino a un punto di non ritorno.

Allo stesso modo, la gestione delle emozioni è cruciale. Sapere frenare le emozioni e astenersi da reazioni impulsive impedisce che un mancato rispetto sfoci in inutili e potenzialmente gravi confrontazioni.

Infine, la ricerca di soluzioni e compromessi si dimostra nella maggior parte dei casi efficace. Essere flessibili e aperti a modifiche nelle proprie posizioni e proposte contribuisce a trovare soluzioni mutualmente accettabili e, di conseguenza, a risolvere i conflitti legati al mancato rispetto.

Riflettendo su queste lezioni e applicandole alle vostre interazioni, sarete in grado di affrontare gli scambi difficili in modo costruttivo e mantenere relazioni rispettose e positive, anche quando sembra tutto perduto.

Alla fine, diventerete comunicatori esperti e nessuna situazione tesa vi spaventerà più!

3. Applicazione delle competenze apprese in situazioni concrete

a. Mettere in pratica le competenze di ogni parte

Questo capitolo rappresenta la fase finale del tuo viaggio attraverso il processo di apprendimento per farsi rispettare.

Hai esplorato le diverse parti del libro, che, in linea generale, mettono l'accento su competenze specifiche per stabilire limiti, dire no con fermezza e tatto, gestire le emozioni, risolvere i conflitti, preservare le relazioni e reagire alle provocazioni.

Ora è il momento di mettere in pratica queste competenze nelle situazioni della vita reale!

Questa ultima sotto-sezione ti guiderà attraverso un processo di applicazione concreta, attraverso le diverse fasi che ti consentiranno di passare dalla teoria alla pratica.

In primo luogo, devi riflettere sulle competenze acquisite, rivedendo le diverse parti del libro e assicurandoti di capire bene come ognuna di esse possa essere applicata nelle situazioni quotidiane.

Successivamente, rifletti sulle situazioni della tua vita in cui hai difficoltà a farti rispettare, a dire no o a gestire interazioni delicate. Potrebbero essere situazioni sul lavoro, nella tua vita personale o persino con persone sconosciute.

Per ogni situazione identificata, elabora un piano d'azione basato sulle competenze apprese. Determina come stabilirai limiti, dirai no con fermezza e tatto, gestirai le tue emozioni, risolverai i conflitti o reagirai in modo appropriato.

Sarà quindi il momento di passare alla pratica e di applicare le competenze acquisite nella realtà, adattando la tua approccio se necessario.

Dopo ogni interazione, prenditi il tempo per valutare i risultati. Sei riuscito a farti rispettare? Hai mantenuto relazioni positive? Cosa hai imparato da questa esperienza?

Ogni esperienza ti offre l'opportunità di imparare e migliorare. Sii quindi aperto all'apprendimento continuo e al miglioramento costante delle tue competenze.

L'applicazione delle competenze apprese in questo libro ti aiuterà a migliorare notevolmente la tua capacità di farti rispettare, gestire interazioni difficili e preservare relazioni sane ed equilibrate.

Noterai che più utilizzerai queste competenze, più diventeranno naturali ed efficaci nella tua vita quotidiana.

Il viaggio verso il rispetto che meriti è un processo continuo, ma, con pratica e determinazione, non c'è dubbio che raggiungerai i tuoi obiettivi.

b. Creazione del tuo piano d'azione personale

La creazione di un piano d'azione personale ti aiuterà a mettere concretamente in pratica le competenze acquisite in questo libro.

Un piano d'azione preciso e dettagliato richiede un po' di tempo per essere elaborato, ma non sarà mai tempo sprecato, anzi, una volta creato, il tuo piano d'azione ti farà fare passi da gigante.

Infatti, il piano d'azione che avrai messo in atto ti aiuterà a organizzarti, a monitorare i tuoi progressi e a impegnarti attivamente nel processo di applicazione delle competenze. In breve, strutturerà completamente il tuo percorso di sviluppo personale verso il rispetto!

Vediamo come puoi creare il tuo piano d'azione

personale:

• Identifica gli ambiti chiave: rivedi le competenze apprese lungo tutto questo libro e identifica gli specifici ambiti in cui desideri applicarle. Ciò potrebbe includere la comunicazione non violenta, la gestione delle emozioni, dire no con tatto, la preservazione delle relazioni, la reazione alle provocazioni, ecc.

• Definisci obiettivi chiari: per ogni ambito identificato, stabilisci obiettivi specifici e misurabili. Ad esempio, "Voglio migliorare la mia capacità di impostare limiti sul lavoro" o "Voglio imparare a dire no ai miei cari senza sentirmi in colpa".

• Crea passi d'azione: suddividi i tuoi obiettivi in passi d'azione concreti. Ad esempio, se il tuo obiettivo è gestire meglio i conflitti, alcuni passi potrebbero essere "Praticare la comunicazione assertiva durante le conversazioni difficili in cui vengo interrotto" o "Apprendere tecniche di risoluzione dei conflitti con una persona dominante".

• Imposta scadenze: assegna una scadenza a ciascun passo d'azione. Ciò ti aiuterà a rimanere sulla buona strada e a mantenere alta la motivazione.

• Identifica situazioni specifiche: pensa a situazioni della vita reale in cui puoi mettere in pratica queste competenze. Potrebbero essere situazioni passate o scenari che prevedi.

• Impegnati ad agire: prendi l'impegno fermo di mettere in pratica il tuo piano d'azione. Sii determinato nell'applicare le competenze acquisite.

• Tieni un diario: mantieni un diario delle tue esperienze nel mettere in pratica le tue competenze. Annota i risultati, ciò che ha funzionato e ciò che può essere migliorato.

• Rivedi e adatta: periodicamente, rivedi il tuo piano d'azione per monitorare i progressi. Sii pronto a adattare il piano in base alle tue esperienze e ai tuoi bisogni mutevoli.

• Celebra i successi: festeggia ogni successo, per quanto piccolo. Ciò rafforzerà la tua motivazione a continuare ad applicare queste competenze e ti impedirà di cedere allo scoraggiamento.

Come puoi vedere, la creazione del tuo piano d'azione personale ti aiuterà a rimanere concentrato sui tuoi obiettivi e a trasformare le nuove competenze in comportamenti duraturi.

Seguendo questo piano, potrai aumentare gradualmente la tua capacità di farti rispettare, gestire interazioni difficili e coltivare relazioni positive.

Imparare a farsi rispettare è un lungo viaggio pieno di sfide, certo, ma il tuo piano d'azione personale ti guiderà serenamente lungo questo percorso, con la certezza che stai facendo progressi nella giusta direzione.

c. Monitoraggio e aggiustamenti delle tue interazioni

Una volta creato il tuo piano d'azione personale, potrai iniziare a mettere in pratica sul campo le competenze acquisite.

Tuttavia, questo non sarà sufficiente. Dovrai effettivamente assicurarti di monitorare e apportare aggiustamenti costanti durante le tue interazioni in situazioni reali, al fine di progredire ulteriormente e garantire una crescita continua e un successo duraturo.

A tal fine, presta attenzione alle tue interazioni quotidiane, cerca di osservarle con distacco, prendendo nota dei momenti in cui hai applicato competenze specifiche, che sia la comunicazione assertiva, la gestione delle emozioni o la risoluzione dei conflitti.

Dopo ogni interazione, prenditi il tempo per valutare i risultati e chiediti se hai raggiunto gli obiettivi che avevi stabilito. Rifletti anche sulle risposte degli altri e sui tuoi sentimenti.

In base ai risultati, sii pronto a fare aggiustamenti. Se noti che alcune approcci funzionano meglio di altri in situazioni specifiche, adatta il tuo comportamento di conseguenza.

A volte, potrebbe essere utile chiedere feedback a degli amici di fiducia, colleghi o familiari. Pensa a questo! Le loro prospettive esterne ti offriranno idee preziose per migliorare il tuo approccio.

Nel corso della tua evoluzione, potrebbero verificarsi fallimenti dolorosi, ma non li considerare mai come dei fallimenti, perché si tratta, al contrario, di fantastiche opportunità di apprendimento. Analizza ciò che non ha funzionato, identifica i punti da migliorare e utilizza queste conoscenze per le tue future interazioni.

Le tue vittorie, d'altra parte, meritano sempre di essere celebrate, anche le più piccole, perché rafforzano la tua motivazione e la tua fiducia nelle tue competenze.

Infine, periodicamente, torna al tuo piano d'azione personale. Rivedilo in base alle tue esperienze e agli aggiustamenti che hai apportato al tuo comportamento.

Il monitoraggio e gli aggiustamenti delle tue interazioni sono un processo continuo. Più praticherai queste competenze, più diventeranno naturali.

Il cambiamento richiede tempo, e ci potrebbero essere alti e bassi, sii consapevole di questo. Resta paziente con te stesso e persevera nei tuoi sforzi per migliorare.

In ultima analisi, l'obiettivo è creare interazioni più sane, coltivare relazioni positive e farti rispettare rispettando gli altri.

Il tuo impegno in questo processo ti aiuterà a evolvere verso una versione più sicura e realizzata di te stesso.

Conclusione

Congratulazioni, la tua lettura e il tuo apprendimento stanno quasi giungendo alla fine, non permetterai mai più a nessuno di calpestare i tuoi piedi!

Un breve ritorno al passato, se lo ricordi, questo libro iniziava con due brevi racconti nell'introduzione. Sì, ricordati bene, la storia del piccolo villaggio di pescatori che perdeva la sua armonia e quella di Fanny che imparava a dire no. Bene, in queste pagine conclusive, è di buon tono chiudere il cerchio con un ultimo racconto, quello di Alice, che sarà un po' più lungo, per finire in bellezza.

Alice, dunque, è sempre stata una persona gentile, piacevole e molto apprezzata nel suo ambiente. Tuttavia, un problema la tormentava ricorrentemente, e questo problema, nel tempo, cominciava a darle seriamente fastidio, era come una spina nel piede che le impediva di andare avanti: Alice aveva difficoltà a gestire le situazioni in cui il suo rispetto personale veniva messo in discussione. Si ritrovava spesso sconcertata di fronte all'audacia di alcune persone, che si permettevano comportamenti o parole nei suoi confronti che lei stessa non avrebbe mai osato avere.

Di fronte a questi spiacevoli segni di mancanza di rispetto che si presentavano a lei in modo sporadico ma regolare, Alice era sempre a disagio, non sapeva mai davvero come reagire, si chiedeva se l'altra persona stesse scherzando, ignorava come rispondere o dove porre il cursore della sua risposta e temeva di sembrare sgradevole o troppo aggressiva, specialmente perché, a volte, si trattava di persone che contavano per lei e con cui non voleva assolutamente litigare. Insomma, Alice si sentiva semplicemente persa e impotente di fronte a comportamenti irrispettosi.

Un giorno, mentre gettava uno sguardo in una graziosa libreria locale, tra gli scaffali, Alice si imbatté in un libro intitolato *FARSI RISPETTARE : impara a imporre i tuoi limiti, a reagire alle persone dominanti e alla mancanza di rispetto, e non lasciarti mai più calpestare i piedi!*

Interdetta da questo titolo e dalla copertina, iniziò a sfogliare il libro e, prima intrigata e divertita, presto fu interessata dalle informazioni e dai consigli che le passavano sotto gli occhi. Nella piccola libreria, il tempo non esisteva più per Alice: quel libro strano sul rispetto la catturava al punto che sentì crescere in lei il desiderio di possederlo, per immergersi seriamente e non perderne neanche una virgola.

Tornata a casa, comodamente seduta nella sua poltrona preferita, una tazza di tè caldo a portata di mano, Alice iniziò a leggere la sua recente acquisizione con gioia e avidità. Mentre leggeva e girava le pagine tra un sorso e l'altro di delizioso tè matcha, Alice apriva pian piano gli occhi su come farsi rispettare senza compromettere la sua naturale gentilezza. Quella sera, divorò il libro (e ingoiò nientemeno che otto tazze di tè) e scoprì in particolare come dire no senza sentirsi in colpa, come rispondere alle provocazioni con calma e come trattare le situazioni conflittuali con diplomazia.

Da quel momento, Alice si propose di applicare con perseveranza e buona volontà gli insegnamenti del libro nella sua vita quotidiana. Così, quando si trovava di fronte a situazioni in cui il suo rispetto personale era fortemente messo alla prova, si ricordava delle tecniche di comunicazione non violenta e di gestione dei conflitti che aveva scoperto durante la lettura.

Nel lavoro, quando alcuni colleghi, non maliziosi ma fastidiosi, diventavano troppo invadenti, ad esempio prendendola in giro con insistenza in modo provocatorio o cercando di imporle compiti noiosi, esprimeva i suoi limiti con tatto e rispetto. Se riceveva critiche o insulti mascherati, rispondeva con totale disinvoltura con parole scelte, preservando così la sua integrità senza compromettere la sua naturale gentilezza.

Nella sua vita sociale, quando Alice si trovava di fronte a amici o conoscenti che oltrepassavano leggermente o più violentemente i suoi confini personali, in qualsiasi modo, trovava facilmente modi gentili ma fermi per far comprendere i suoi bisogni e le sue aspettative.

Anche nel suo rapporto amoroso con il caro Eric, l'amore della sua vita, Alice metteva in pratica questi insegnamenti. Se sorgessero disaccordi, se Eric iniziasse a diventare aggressivo nelle parole, a darle rimproveri ingiustificati, lei conservava il suo sorriso ed esprimeva i suoi sentimenti e i suoi pensieri in modo costruttivo, favorendo così una comunicazione sana e rispettosa. Così, grazie alle sue nuove competenze, riusciva a preservare la salute della sua relazione.

Pian piano, Alice notò un cambiamento nel modo in cui la gente interagiva con lei. Ma sì, se ne accorgeva, il loro comportamento nei suoi confronti stava cambiando significativamente! I conflitti diminuivano, lasciando spazio a scambi più costruttivi e relazioni più arricchenti, e tutti riconoscevano la forza interiore e la capacità di Alice di farsi rispettare rimanendo elegante, gentile e cortese.

La sua felicità e realizzazione crebbero, poiché aveva acquisito gli strumenti necessari per gestire con successo le sfide della vita quotidiana, preservando con gioia sia la sua integrità che le sue relazioni. Alice era diventata una persona capace di navigare con diplomazia e fermezza attraverso le sfide relazionali quotidiane; ora sapeva come farsi rispettare e conduceva un'esistenza felice, liberata dalle sue iniziali incertezze e forte della consapevolezza di poter gestire qualsiasi interazione in cui manchi il rispetto. Niente più spine nei piedi!

Così, Alice riuscì a trasformare profondamente e duraturamente la sua vita, semplicemente applicando con convinzione, perseveranza e buon umore le lezioni trovate in un oggetto apparentemente insignificante come un libro scoperto per caso in una piccola libreria di quartiere. In effetti, per dire la verità, quando Alice sfogliò per la prima volta il libro sul rispetto, non avrebbe mai immaginato che le parole contenute potessero avere un impatto reale sulla sua vita. Ma alla fine, i risultati ottenuti concretamente le fecero prendere consapevolezza del potere di quel libro! E non rimpianse affatto di aver messo in pratica i suoi insegnamenti.

Perché raccontarvi tutto questo? Semplicemente perché il percorso di Alice potrebbe essere il vostro. Anche voi, come Alice, avete iniziato la lettura di questo libro. Anche voi avete acquisito una comprensione più profonda di cosa significhi rispetto verso se stessi e gli altri, e ora avete gli strumenti per navigare con sicurezza e realizzazione in un mondo complesso e impegnativo, dove la mancanza di rispetto fa troppo spesso capolino. E anche voi, come Alice, potete togliervi per sempre la spina della mancanza di rispetto dai piedi!

Perché, leggendo questo libro, avete imparato a definire i vostri limiti personali, a comunicarli con fermezza e tatto, e a sviluppare la fiducia necessaria per affermarvi. Avete anche scoperto come dire no in modo positivo e rispettoso, gestire la colpa legata al rifiuto e resistere alle manipolazioni.

Avete anche acquisito competenze per affrontare le persone dominanti e l'intimidazione. Siete in grado di reagire in modo appropriato quando vi interrompono, rispondere agli insulti senza perdere la calma e affrontare le provocazioni con tranquillità. Con esempi concreti e studi di caso, avete anche potuto vedere come mettere in pratica queste competenze nel mondo reale, sul lavoro o nella vostra vita personale, e come possono trasformare le vostre interazioni. Siete in grado, se necessario, di ristabilire l'equilibrio nelle relazioni tese.

Ora, come Alice, è il momento di prendere tutte le

vostre nuove competenze e applicarle concretamente nella vostra vita! Imbarcatevi senza paura in questo viaggio, senza dimenticare di portare con voi il vostro biglietto dell'umorismo in tasca. Perché, diciamocelo, il rispetto è fondamentale, ma una buona risata non ha mai fatto male a nessuno. E chi ha detto che il rispetto deve essere noioso? Partite quindi con il sorriso e fate di ogni interazione un'esperienza allo stesso tempo arricchente e divertente, perché la vostra ricerca di rispetto e fiducia è un'avventura che vale davvero la pena vivere.

E, ricordate, il rispetto inizia sempre da voi stessi. Mostrandovi rispetto, stabilendo limiti chiari e comunicando con stile, chiarezza e cortesia, creerete un ambiente in cui gli altri saranno incoraggiati a fare altrettanto. Dotati della capacità di dire no senza offendere, di gestire i conflitti con grazia, di ripristinare l'armonia e di mostrare empatia, siete ora attentamente armati per costruire relazioni sane e appaganti, dove la mancanza di rispetto non avrà più spazio.

Nella vostra ricerca del rispetto, tenete presente che non è qualcosa che si mendica, ma qualcosa che si ispira. Con le competenze acquisite in questo libro, siete davvero sulla strada dell'ispirazione, della fiducia e dell'altruismo.

Continuate a sorridere, a ridere, a ispirare gli altri con la vostra attitudine positiva e benevola e con la vostra determinazione a farvi rispettare. Che il vostro cammino sia costellato da risate, rispetto reciproco e successo: siete pronti a conquistare il mondo, e a farlo con eleganza.

Cara lettrice, caro lettore, cari amici rispettabili,

È con immensa gratitudine che mi rivolgo a voi in queste pagine finali di ringraziamento. Naturalmente, come mio solito, prima di ogni cosa, desidero ringraziarvi personalmente e calorosamente per aver letto il mio libro *FARSI RISPETTARE : impara a imporre i tuoi limiti, a reagire alle persone dominanti e alla mancanza di rispetto, e non lasciarti mai più calpestare i piedi!*

Il vostro impegno come lettori è e sarà sempre una fonte inesauribile di motivazione e gioia per me come autore. La creazione di questo libro è stata un'avventura in sé, un viaggio per trasmettere nel modo più piacevole e completo possibile conoscenze e strumenti che, spero, vi aiuteranno a farvi rispettare in qualsiasi situazione e a navigare con fiducia ed eleganza nel mondo delle relazioni umane.

Come sapete, mi sforzo di mettere tutta la mia sincerità, la mia competenza e la mia esperienza nella stesura di ciascuna delle mie opere, e questo è ciò che ho fatto anche con questo, affinché possa guidarvi con sicurezza ed efficacia nella vostra ricerca del rispetto che meritate.

Desidero esprimere la mia gratitudine a tutti coloro che hanno contribuito alla realizzazione di questo libro, dall'idea iniziale alla sua pubblicazione. Penso al team editoriale che ha fornito la sua incomparabile competenza per rendere questo libro il più chiaro e informativo possibile.

Voglio ringraziare in modo particolare anche la mia famiglia e i miei amici per il loro sostegno instancabile lungo tutto questo progetto a lungo termine. Sanno che li amo, e, se ancora non lo sanno, ne approfitto per dirlo in questo momento.

Ovviamente, ancora un ringraziamento speciale a voi, cara lettrice, caro lettore, per la vostra fiducia e il vostro impegno nella vostra crescita personale. Avete dimostrato determinazione e curiosità nel completare questo libro, e ciò testimonia il vostro profondo desiderio di migliorare come individuo.

Meritate relazioni sane, rispettose e appaganti, e sono onorato di essere stato in grado di accompagnarvi in questo apprendimento. Ora vi incoraggio a mettere in pratica tutto ciò che avete imparato in queste pagine. Continuate a coltivare la fiducia, a definire limiti chiari e a affermarvi con eleganza.

È il momento di brillare, siete campioni del rispetto, non dubitatene mai. E se la vita diventa difficile, mantenetevi sorridenti e ridete più forte! Che il vostro percorso sia pieno di rispetto, successo e felicità. Siate divertenti, siate forti, e soprattutto... fatevi rispettare!

Per concludere, chiedo a mia volta il vostro aiuto e la vostra gentilezza: potreste, per favore, prendervi semplicemente qualche secondo per lasciare un commento, o anche solo una valutazione, se davvero non avete tempo, su Amazon riguardo a questo libro?

I vostri feedback pieni di premura contribuiranno a far conoscere il mio libro, che, senza di ciò, è invisibile tra milioni, e la vostra opinione permetterà ad altre persone di scoprilo e di trarre beneficio dalle informazioni che contiene. Conto veramente su di voi, non dimenticatelo!

Vi ringrazio ancora una volta dal profondo del cuore per il vostro sostegno e la vostra generosità, che sono davvero inestimabili per me, e vi auguro ancora molto successo nel vostro viaggio verso il rispetto.

Non vedo l'ora di rincontrarvi durante una delle vostre prossime letture di un altro dei miei libri di sviluppo personale e, nel frattempo, buon viaggio!

Con rispetto, amicizia e gratitudine,

Nathan Stone

L'INTELLIGENZA AMOROSA

Come sviluppare facilmente una comprensione
emotiva e una comunicazione efficace per costruire
una relazione amorosa sana e felice

SEDURRE L'UOMO DEI TUOI SOGNI

Tutti i segreti per trovare, sedurre
e mantenere l'uomo che fa per te

www.ingramcontent.com/pod-product-compliance
Lightning Source LLC
Chambersburg PA
CBHW070855290526
45795CB00001B/132